Mishka

El gato sanador

Mishka
El gato sanador

Akari Berganzo

Akari Berganzo
© Akari Berganzo, [2018]
ISBN: 978-607-9472-58-0
Primera edición 2018

Corrección de estilo: Gilda Moreno
Diseño de portada: Akari Berganzo
Ilustraciones y gráficos: Akari Berganzo
Diagramación: Jésica Segundo

Índice

Dedicatoria

A los tiempos felices en los que tu amoroso ser acompañó mis pasos.

A ese breve lapso que me permitió conocer a sabiduría de tu alma y abrazarte con infinito amor.

A la memoria de mi gatita Mishka, autora de este material.

¡Te amo, te envuelvo en luz!

"
A mi **mamá**, por suponerme grandes desafíos y valiosas lecciones que me han hecho ser quien soy.

¡Gracias por mi educación, gracias por tu apoyo!
"

Agradecimientos

A Gerardo por su apoyo para hacer posible este proyecto.

A Gilda por la corrección de estilo.

A Danu por su apoyo y consejos en este proyecto.

A Jésica Segundo por el diseño editorial.

A Karina Rivera por su apoyo durante
la edición del audio del libro.

A Blanca Juárez por prestar su voz para el audio del libro.

A todo el equipo de PAX por su soporte en cada proyecto.

A mi hermana por presentarme a Mishka.

Y al universo por regalarme
el placer de haber conocido a Mishka.

Unas palabras iniciales

Este es un nuevo libro que se me solicitó escribir. Se trata de un material canalizado muy particular. En esta ocasión quien me comunicó telepáticamente su anhelo de escribir un libro y dejar su huella en este planeta con este texto fue mi gatita Mishka.

Con el gran cariño que le profeso, decidí ayudar a traducir lo que su felino ser quiere expresar a la humanidad. Intentaré plasmar con la mayor claridad posible el maravilloso recorrido que representó compartir con ella cada instante que se me permitió mirarla, abrazarla, acariciarla, protegerla y amarla.

Con cariño y respeto hacia ella, hacia todo ser humano y hacia todo animal.

Akari

Sobre Mishka

Su felino ser entró en mi vida hace casi dos años, el día 2 de enero de 2016. Mi hermana la encontró en la calle víctima de abandono y bajo riesgo de ser envenenada junto con sus crías por la maldad humana. Molesta por su presencia, esta persona contrató un servicio de exterminio de plagas que colocó veneno cerca de lo que hasta ese día había sido su refugio.

Al conocerla, me impactaron su rostro y sus hermosos ojos azules, que expresaban una profunda angustia. Nunca había contemplado tan intenso sentimiento en un animal. Así fue que llegó a mi vida junto con dos de sus crías, Ámbar y Galena.

Mi ángel eligió su nombre, pero fue sólo tras unos meses de vivir en la casa que se manifestó su verdadera personalidad. Poco a poco se transformó, de manera física y emocional, en una gatita pizpireta, segura de sí misma, alegre, decidida, despreocupada e incluso, sofisticada.

El azul profundo de sus ojos, su cráneo con un corte de tipo gato oriental y su hermoso manto blanco veteado con tonos café y manteca, sencillamente me conquistaron. Mishka consiguió, casi de un plumazo, modificar mi pobre y errada opinión sobre los gatos, a quienes tiempo atrás consideré seres tan independientes que no solían entablar relaciones cercanas con los humanos. Esa convicción había impedido que me ligara estrechamente a un gatito hasta ese momento.

Aún hoy me pregunto por qué me eligió para compartir con ella su etapa adulta durante su breve existencia en la presente encarnación.

Mishka (nombre que significa "Mi regalo de amor") fue un ser de extrema sensibilidad, con dotes telepáticas que utilizó puntualmente para comunicarme algunas opiniones y anhelos importantes. Este hermoso ser tenía experiencia en sanación, una adorable dulzura y cercanía.

Lo cierto es que, sin saber yo la razón, este felino comprensivo, inteligente, prudente y afable me escogió e hizo que cada instante junto a ella fuera un hermoso privilegio que disfruté y agradezco plenamente al universo.

Poco después de llegar a mi vida, comencé a descubrir que su alma era vieja, sabia y evolucionada. Me percaté de su temperamento afable, de su carácter analítico y reflexivo; parecía saber cuándo debía expresar el temperamento fuerte que escondía en su cotidianeidad.

Dotada de una rara sensibilidad y de una capacidad de amar que resulta extraño encontrar aún en un ser humano, sobre todo si consideramos que se trataba de un felino que vivió en situación de calle, aprendiendo a luchar por sobrevivir tan sólo por un día, con un futuro que se vislumbraba muy incierto. Y cuando ambas nos sentimos sin salida ocurrió el milagro de nuestra mutua sanación.

Los felinos son seres sumamente independientes y muchas veces rechazan el contacto con los humanos. Pero ¿quién puede culparlos cuando todos conocemos las terribles historias de odio, maldad y abandono que sufren?

Ella me ha enseñado tanto que sería imposible describirlo con palabras. Lo que sí sé es que, así como fue mi maestra, tiene mucho que enseñar a toda la humanidad y seguramente por eso solicitó mi ayuda para llevar a cabo este proyecto.

Y es así desde este rincón, envueltas en el velo de la noche, les dejo con la voz de Mishka (contenido antes de la transición de Mishka hasta el 22 de octubre de 2017, cuando, tras dictarme el índice de este libro, me miró a los ojos y me dijo. "Estoy cansada, dejémoslo aquí por ahora".

Mishka trascendió el 25 de octubre de 2017 a las siete de la noche, cobijada entre mis brazos. No obstante, una hora y media después del triste suceso, su alma volvió para consolarme por su partida. Habló conmigo telepáticamente, pidiendo que no dejara de escribir este material.

Al haber sido ese el deseo de mi hermosa gatita y, pese al infinito dolor que siento por la pérdida de su manto físico, así lo haré.

¡Mishka, va por ti! Por tus hermanos felinos y para toda la humanidad.

¡Hasta pronto, amor mío!

Akari

El origen de los felinos

Los gatitos amamos incondicionalmente.

Los humanos condicionan el amor
hasta distorsionarlo o aniquilarlo.

 capítulo 1

En este capítulo Mishka y yo nos propusimos dar un contexto histórico de la vida de los felinos en nuestro entorno, así como información general sobre estos animales que lo mismo despiertan admiración, temor o un gran amor, como es el caso de los animales domésticos. Por desgracia, hay también seres que, en vez de respetarlos como lo merecen, se dedican a cazar a las especies salvajes, bajando ellos a un nivel inferior que aquellos a quienes matan.

Sentimos que este capítulo te ayudará, querida lectora, querido lector, a comprender en gran medida lo que presentaremos a lo largo del libro.

La falta de respeto hacia los animales, en especial hacia los felinos y caninos, despertó en Mishka la necesidad de expresar su voz y de abrir su ser para enseñarnos la importancia de la vida animal e informándonos en especial del complejo y frágil mundo de los felinos. Según ella, el profundo conocimiento sobre los gatos y los grandes gatos revela el principio de la sanación y del respeto hacia estos. Sólo si lo tenemos podremos cambiar la perspectiva desde la cual los contemplamos. Mishka decidió escribir este libro con la esperanza de ayudar a sanar la miseria humana en torno a la fauna.

En este capítulo nos enseña los valiosos atributos de los felinos desde sus orígenes hasta las características actuales que les conforman.

Así, quienes antes dañaron a un animal descubrirán de primera mano la valía y la maravillosa experiencia que se vive cuando el alma humana es tocada por el infinito amor de un animal, que es nuestro maestro de vida.

En la actualidad hay un sinnúmero de tipologías de felinos, todas enigmáticas y con ciertas diferencias en tamaño, color, pelaje, temperamento y reacciones. Ningún felino se comportará exactamente igual a otro, ni siquiera tratándose de miembros de la misma camada o de la misma raza. Por esta razón los gatos resultan animales excepcionales y enigmáticos que tienen mucho que aportar y enseñar a la humanidad.

Tristemente, muchas subespecies han sido masacradas por el hombre hasta llevarlas a la extinción o a un inminente peligro de extinción. Hoy se considera que las 37 especies de felinos se encuentran en peligro de extinción, y sólo el gato doméstico no está sujeto a esa terrible problemática.

Sus orígenes

Se considera que los antepasados de los felinos aparecieron en la Tierra en la era de los dinosaurios, es decir, hace unos ¡200 millones de años!

Remontándonos a los orígenes de los felinos sobre el plano terrenal, tenemos tres vertientes interesantes por estudiar. Algunos científicos consideran que el antepasado común de todos los felinos es un animal carnívoro denominado Miacis. Quizás el descendiente más conocido del *Miacis* haya sido el tigre dientes de sable (de nombre científico *Smilodon*), extinto desde hace muchos miles de años.

Otra línea de descendientes fue la del Dinictis, que trajo consigo un importante cambio en la morfología de estos mamíferos, al sacrificar el tamaño por la posibilidad de adaptarse a diversos entornos. Ya con un cuerpo más pequeño estos animales requerían una menor cantidad de alimento y espacios territoriales más reducidos. Estos felinos de menor tamaño tenían cerebros más desarrollados y mayor inteligencia.

Según muchos científicos, todos los felinos actuales descienden de este linaje específico de felinos.

Otros, en cambio, consideran que los felinos actuales pueden estar emparentados con un animal llamado *Proailurus*, presente en la Tierra, concretamente en Europa y Asia, hace 25 millones de años. El cuerpo de este animal carnívoro aparentemente era similar al de los felinos actuales, con un peso aproximado de nueve kilos. Se cree que era un felino dotado de colmillos y garras parcialmente retráctiles que habitó la mayor parte de su existencia sobre las copas de los árboles.

Una teoría antropológica sostiene que el antepasado común de los gatos podría ser el *Pseudaelurus*, descendiente del *Proailurus*, que data de hace 23 millones de años. Este carnívoro vivió en Asia, de donde emigró a Europa, para después llegar a América del Norte. Pesaba cerca de 23 kilos. Tenía el cuerpo alargado, cola larga, extremidades ligeramente cortas en proporción a su cuerpo, hocico corto, orejas pequeñas al frente de su cabeza, ojos ligeramente grandes y nariz pequeña y achatada.

La pantera y los demás felinos

La propia pantera dio origen a un primer grupo de felinos como son los siguientes:

- Gepardo
- Pantera
- Nebulosa
- Leopardo
- Jaguar
- León
- Tigre

Más adelante surgió un segundo grupo, compuesto por:

- Gato dorado africano
- Gato marmoleado
- Gato rojo de Borneo
- Gato dorado Chino
- Gato selvático
- Gato de pies negros
- Gato montés

El tercer grupo dio origen a las siguientes subespecies:

- Caracal
- Serval

Aparecen posteriormente:

- Puma
- Lince
- Ocelote
- Tigrillo
- Grato Manul
- Gato Jaspeado

Por último, el gato doméstico.
Del gato doméstico y el gato leopardo surgió el Gato Bengalí.

Panteras (tigre, león, pantera, jaguar, leopardo)
Felis (gato doméstico y otros gatos)
Acinonyx (chita o guepardo)
Neofelis (pantera nebulosa)

Clasificaciones y genética

Los felinos fueron domesticados aproximadamente hace 8000 años, cuando las poblaciones nómadas se volvieron sedentarias.

En un reconocido estudio de los genetistas Stephen O›Brien y Warren Johnson, se comparó el ADN de 30 genes de cada especie felina actual con los datos de fósiles de las especies prehistóricas, así como otros análisis moleculares. El sorprendente resultado fue que hay un esquema común entre todos los miembros de las diferentes especies félidas, incluso en diferentes continentes.

Los especialistas concluyeron que las 37 especies de felinos se distribuyen en ocho tipos de linaje diferentes, con aspectos propios en lo molecular, lo morfológico, así como lo biológico e incluso lo psicológico. Un dato curioso es que todos los felinos que rugen pertenecen a un cierto linaje.

La misión de los gatos hacia la humanidad

Con nuestras patas nos impulsamos para vencer
las adversidades sin temor, ustedes temen
a la propia esencia interior.

 capítulo 2

Toda forma de vida tiene un motivo de ser, una misión para transitar por la experiencia terrenal. Los animales no son la excepción. En algunos casos ellos vienen a despertar la compasión hacia su especie; otras lo hacen para ofrecer amor y ternura. Pero también es posible que su objetivo sea sanar al ser con quien conviven, o bien aportar una guía invaluable desde la sabiduría animal que puede despertar la riqueza de tu propio mundo interior. En este capítulo Mishka se adentra en la sabiduría de los felinos para mostrarnos cuál es su misión para con la humanidad.

Nos habla Mishka:

Desde el antiguo Egipto y otras tantas civilizaciones de la Antigüedad, los gatos hemos estado presentes sorprendiendo e intimidando a un gran número de seres.

No existe un solo tipo de felino que pase por la existencia de un ser humano sin dejar huellas en él.

Muchos nos temen, otros nos desprecian y otros nos acogen sin llegar a entablar una auténtica relación con nosotros.

Pero en contadas ocasiones uno de ustedes es quien deja huella en nuestro ser y se abre una mágica comunicación entre criaturas de diferentes especies. Entonces, sigilosamente, movemos nuestras orejitas, afinamos los bigotes y desde nuestro tercer ojo (sí, leíste bien, nosotros también tenemos un tercer ojo), comenzamos a medir el terreno evolutivo de nuestro nuevo amigo(a) y protector(a). Evaluamos cómo habremos de comunicarnos con su ser, para transmitirle de primera mano todo aquello que anhelamos expresar.

Cuando un humano vibra en una escala superior a nuestro desarrollo, podemos mostrarnos agresivos, o bien, retraídos. En cambio, cuando vibra en una escala similar a la nuestra, nos mostramos interesados, afables y tranquilos.

Ninguno de nosotros llega a la existencia de un ser humano sin motivo.

Siempre entramos a su vida cuando hay de por medio una razón importante de sanación emocional o física, cuando debemos acompañar en el proceso a alguien que debe trascender, o cuando tenemos que enseñarle facetas internas que los humanos por sí solos no han logrado descubrir.

Somos criaturas delicadas, ágiles, misteriosas, enigmáticas. La humanidad tan sólo tiene acceso a un hálito de nuestra respiración, una vaga idea de nuestra percepción, que es muy pobre en función de lo que realmente implicarían nuestras múltiples capacidades en torno a este sentido.

Somos también seres agudos, frágiles, ágiles, temperamentales, solitarios, sociables, reflexivos y sinceros.

Preferimos situarnos al lado de almas evolucionadas o, en su defecto, de almas medianamente evolucionadas cuando nosotros mismos no hemos alcanzado un nivel alto de evolución. Pero cuando nos encontramos entre nuestra existencia número 500 y la 700 requerimos de personas con una energía más desarrollada, pues de lo contrario el nivel de contaminación energética sería avasallador para nosotros.

Nosotros limpiamos tu hogar, tu cama, tus finanzas, pero nada de esto ocurrirá si nos matas o torturas en rituales satánicos. Por el contrario, considera que hay leyes felinas en el plano energético que son mucho más graves de lo que imaginas.

Para cerrar

El universo comprende un orden cósmico que rige a toda criatura, a cada alma y a todo plano, busca equilibrar lo que cada ser otorga contraponiéndolo a lo que recibe. En este caso Mishka nos ilustra los beneficios que otorgan el cuidado, el amor y el respeto a los animales y expone las consecuencias del maltrato animal en todas sus formas, con el propósito de sanar la relación humano-animal.

Las leyes felinas

El miedo es un espejismo, producto del dolor, que
resuena amplificado, por no haberlo sanado,
en otro espacio de tiempo.

 capítulo 3

Aquí abordaremos las principales leyes relacionadas con los gatos, esos seres enigmáticos e inteligentes que despiertan nuestros sentidos y abren el paso a la comprensión del mundo energético que nos rodea desde sus formas más sutiles, imperceptibles para el ojo humano pero no para el gato. De esta manera ellos se convierten en nuestros aliados, protectores, amigos y también en nuestros terapeutas. Te invito a seguir estas leyes con la mejor voluntad y respeto posibles.

Nos habla Mishka:

1. Quien mata a un gato, durante 17 reencarnaciones seguidas morirá a manos de otro ser de la misma manera en la cual mató a ese felino.

2. Quien acoja en su hogar a uno de nosotros otorgándole amor, respeto, cuidado, protección y sosiego gozará de un halo de protección energética durante 1,500 existencias terrenales. Además, disfrutará de bendiciones que vendrán a sanar su vida, a resolver sus conflictos y a otorgarle felicidad durante las siguientes 1,600 vidas. Ahora bien, si esta alma retornara al plano etéreo antes de ese lapso de tiempo para ya no volver a experimentar la reencarnación, podrá pasar este regalo a sus descendientes directos durante 100 generaciones.

3. Quien agreda a uno de nosotros será agredido por aquellos a quienes más ame durante 300 existencias posteriores.

4. Quien ayude a uno de nosotros cuando estamos en desgracia será premiado con nuevas oportunidades financieras, pero también con un incremento de bendiciones en otros ámbitos de su vida.

5. Cuando amamos a un humano, nuestro amor es fiel y sincero. Este amor sólo sabe crecer incluso más allá de nuestro pelaje físico. Así, cuando trascendemos, nos convertimos en ángeles guardianes de quien antes fue nuestro protector.

6. Quien quema a un gato morirá quemado en tres encarnaciones diferentes y subsecuentes.

7. Quien nos salve de un incendio será salvado de siete incendios por los espíritus felinos, al igual que sus hijos y sus nietos.

8. Quien envenene a un gato será envenenado durante 17 reencarnaciones y sus seres más amados le darán la espalda cuando más los necesite.

9. Quien evite que un felino sea envenenado encontrará esperanza y sanación kármica para sí mismo y para tres generaciones posteriores durante las siguientes 13 existencias.

10. Quien torture a un felino sufrirá tortura, emocional y física, durante 200 existencias.

11. Quien evite que un felino sea torturado, encontrará a su alma gemela en más de seis existencias, y podrá elegir el momento evolutivo y las circunstancias en los que quiera que esto suceda.

12. Quien nos quiera matar de hambre o dejarnos en un basurero intentando asfixiarnos en bolsas de plástico, padecerá exactamente lo mismo en las siguientes doce vidas de forma intercalada. Ello con la esperanza de que así este ser consiga sanar su miseria humana.

13. Quien nos alimente en un momento de necesidad, será también alimentado en los aspectos físico y anímico cuando más hambre y necesidad de comida y de aliento requiera. Y si cuando llegue el momento de pagar la deuda por su buena acción ese ser ha superado esta etapa de aprendizaje evolutivo, podrá elegir cómo quiere recibir su recompensa, en lo que se refiere a tiempo, circunstancia y ámbito en el cual quiera que sea aplicada.

14. Quien nos saque de un hogar para tirarnos a la calle tendrá que dedicarse a la misión de ayudar y sanar a múltiples felinos y caninos y, aun así, deberá cubrir un saldo karmático determinado por la junta kármica durante al menos siete vidas posteriores. Si este ser espera no tener problemas a gran escala en los contextos karmático y evolutivo, será esencial convertirse en genuino protector de los animales.

15. A quien nos busque un hogar digno en el que podamos ser amados, cuidados y respetados, se le protegerá y ayudará a conseguir créditos hipotecarios. Por otra parte, se le protegerá ante la fuerza de la naturaleza en desastres naturales.

Estas leyes no fueron determinadas por el consejo de gatos. Se pactaron directamente por la junta karmática, la institución responsable de poner en orden a los seres humanos y de aleccionar en los ámbitos que sea necesario. El consejo de gatos únicamente toma nota de las acciones humanas hacia los animales en general, pero en especial hacia los felinos de todos tamaños y tipologías, para después enviar estos resultados a la junta kármica cuando el alma se presenta ante dicha institución evolutiva.

Esta será evaluada sumando el porcentaje de karma que pueda tener pendiente por dañar felinos u otros animales.

Nos rodea un halo de misterio, que en la Antigüedad nos permitió ser venerados, cuidados, amados y respetados. Pero de eso hace ya mucho tiempo... Al igual que ustedes, nosotros experimentamos procesos evolutivos, tenemos lecciones por aprender. Sin embargo, en nuestro caso no existe el karma como tal y pasamos de una existencia a la otra recordando nuestra experiencias de aprendizajes anteriores. Tenemos voz, emociones e inteligencia, y por eso expresamos emociones tal como ustedes suelen hacerlo.

Lo cierto es que nosotros resguardamos sigilosamente toda la información que hemos aprendido de nuestro proceso de reencarnación. Sí. Los gatos también reencarnamos. Yo recuerdo algunas de mis existencias anteriores.

Fui una gata en el antiguo Egipto y al morir me embalsamaron. Mi esqueleto de aquella época aún reposa, entre decoloradas vendas adornadas con finos dibujos que hoy casi se han perdido, en un lejano valle cubierto por el silencio y por la tierra.

En esa vida fui una gata muy sagaz y caprichosa que vivió envuelta en un entorno suntuoso, entre espacios muy amplios y bajo una temperatura que me abrasaba, obligándome a resguardarme en espacios cerrados donde la sombra reconfortaba mi acalorada piel.

Me dediqué a enviar mensajes telepáticos al hombre con quien habité. Llegué a él de la mano de su amada esposa, que falleció durante el parto de su primer hijo. Quedó devastado y entonces dirigió a mi ser el amor que le profesaba a ella. Recuerdo con cariño a ese hombre de alta jerarquía social, quien fue mi gran apoyo y me enseñó que era posible comunicarme con algunos seres humanos tal como lo hago ahora, libre del dolor y del malestar. No recuerdo cuándo concluyó aquella existencia, sólo sé que fui una gata muy longeva.

En mi siguiente existencia decidí apartarme de la vista pública. Reencarnada en una gata salvaje, alejada del contacto humano, que conquistó las cimas de las montañas haciendo misión de sanación hacia la tierra. De noche contemplaba el manto estelar antes de resguardarme en mi madriguera. Corría libre recorriendo grandes distancias.

En aquella vida aprendí sobre los infinitos recursos que la tierra posee para ofrecer sanación. Por ejemplo, a veces bastó apoyar los cojinetes de mis patas en la suave tierra para que aminorara mi dolor. En sueños me enseñaron sobre plantas medicinales y resultó muy fácil aprender estando en unidad cósmica con todo lo que conforma el universo.

Tras esta, recuerdo varias existencias en las que no logré evolucionar todo lo que debía, de modo que, por voluntad propia, decidí reencarnar tantas veces como fuera necesario hasta alcanzar mis objetivos.

Sí, soy una gatita muy obstinada.

Diferencias en terminos evolutivos entre almas humanas *versus* existencias de las almas felina

Almas Humanas	Almas Felinas
• 1 existencia humana en promedio dura 65 años	• Esto equivale en mismos años a entre 3 o 4 existencias
• 1 dictamen con la junta kármica tras la muerte	• En el mismo arco de tiempo en un gato contra 1 sola en humanos
• Necesidad de sanar karma producto de errores	• Una reunión con el consejo de gatos sin arrojar saldo karmático
• Cometidos en cada existencia terrenal	• Nosotros no afrontamos deudas karmáticas por ser seres 100% buenos
• Instinto de supervivencia sin análisis	• Instinto de supervivencia analítico
• Pocos sentidos presentes	• Más de 20 sentidos activos
• No recuerdan sus vidas anteriores tras la muerte	• Si recordamos cada existencia física previamente experimentada
• Se aferran al dolor presente y de existencias previas	• Soltamos pronto el dolor experimentado en cada existencia y en el alma
• Se suelen angustiar al aproximarse el final de su existencia	• Soltamos el manto físico con gran facilidad cuando este se vuelve imperfecto por enfermedad o edad
• Buscan culpar a otros de sus problemas	• Aguardamos el final en calma
• Se niegan a terminar vínculos	• Buscamos soluciones ante las dificultades
• Se lamentan por lo perdido	• No permitimos tener apegos ante el final de nuestra vida
• Por temor se niegan a reencarnar	• Abrazamos el porvenir cuando se libera nuestra alma del cuerpo físico
• Su evolución álmica es muy lenta	• Buscamos rencarnar muchas veces para evolucionar más
• Se centran en atender las distracciones del ego humano	• Nuestra evolución álmica es acelerada
	• Raramente el ego esta presente en nuestro ser

El karma humano al dañar o matar a un animal

Cuando la negrura de tus demonios se expresa,
recuerda que detrás de ésta,
está la luz que te salva si la dejas emerger.

 capítulo 4

¿Te has preguntado qué significa en realidad el karma? Cada uno de nosotros afrontamos un sinfín de peripecias que ningún ser vivo debería conocer, casi todas producto de la ignorancia humana. Estas acciones cobardes, injustificadas y constantes crean un saldo energético para quien las comete, el cual se acumula con cada acción positiva o negativa que la persona emprende a lo largo de cada una de sus experiencias terrenales. Cuando este ser muere, se le expone su saldo a favor (dharma) y su saldo en contra (karma). El primero será premiado y el segundo, sancionado durante su siguiente o siguientes encarnaciones hasta que se equilibre (lo que puede tomar muchos años, vidas o siglos).

Nos habla Mishka:

El karma humano comprende un espectro vasto y es imposible centrarme en este aspecto, que requeriría un libro completo.

No obstante, con base en mi transitar como felino, puedo expresar las consecuencias karmáticas que se relacionan con nosotros, las almas animales.) el karma que supone en la existencia del ser humano que nos agrede que se relacionan con nosotros, las almas animales. Es importante que todo humano las tenga presente si quiere evitar afrontar problemáticas multidimensionales.

El karma por dañar, torturar y matar a un felino es uno de los más difíciles de sanar. Por lo regular este tipo de cuenta karmática se equilibra porque un ser humano que en una existencia anterior mató a un animal en una existencia posterior morirá víctima de un animal salvaje. Y aquellos que hayan dañado a un animal sin matarlo, en una siguiente encarnación serán seriamente dañados; además, en muchos casos presentarán secuelas y cicatrices permanentes, tras el ataque de un animal salvaje.

Cuando un humano ha ejercido crueldad animal en repetidas existencias, llega un punto en el cual su proceso evolutivo queda comprometido y condicionado a que un consejo de almas animales determine qué porcentaje karmático deberá sanar en cada reencarnación que su alma efectúe.

De igual modo, este consejo animal será quien determine la situación karmática que deberá afrontar dicha alma y cuánto tiempo deberá durar dicha lección. Al quedar condicionada por ese consejo, esta alma no será libre para determinar qué experiencias vivir por su propia voluntad, ni cuántas reencarnaciones planea efectuar antes de estar lista para eliminar el proceso de la rueda de la reencarnación.

Tanto para los humanos como para nosotros, los animales, existe una línea evolutiva bien trazada que puede acortarse en experiencias terrenales cuando se ha efectuado un excelente trabajo evolutivo en la propia alma, o bien puede alargarse cuando esta se ha negado a evolucionar o cuando ha errado el sendero evolutivo cometiendo graves errores karmáticos. Toda alma humana y animal deberá completar un ciclo que puede considerarse como circular pues, de errar el sendero evolutivo, esta alma afrontará una nueva encarnación partiendo de un nivel inferior al que afrontó antes. Esta rueda de la reencarnación termina cuando se ha completado una purificación del alma humana en un nivel muy elevado; aquí hablamos de personas muy evolucionadas espiritualmente, por ejemplo Mahatma Gandhi.

Esa circunstancia representa una gran desventaja evolutiva, ya que cada planeación que pretenda efectuar, deberá ser previamente aprobada por un comité animal. Y sus miembros suelen ser muy quisquillosos a la hora de permitir que un alma que ha dañado a muchas otras almas animales reencarne, por el peligro potencial de que hiera a más hermanos animales. Sin importar si se ha dañado a una sola especie, el alma humana queda condicionada a la aprobación por parte de cada comité de cada especie animal, incluidas aquellas ya extintas y aquellas que aún no aparecen en el planeta.

El karma por crueldad animal también implica que el dharma presente en el humano que daña a un animal se reducirá 10% por cada existencia en la que se haya efectuado el mal. Sin embargo, este saldo suele incrementarse abruptamente si tras las primeras tres reencarnaciones el ser humano continúa lastimando almas animales. En este caso, para la cuarta reencarnación, a este humano se le descontara 10%, pero por cada acto de tortura o maltrato efectuado. Es decir, si maltrata 10 veces a 10 perros, se le reducirá 10% de dharma por cada perro y 10% por cada ocasión que lo dañó.

Como es natural, ese tipo de acciones arrojan un resultado fatídico para esta alma humana, ya que en muchos casos, durante la cuarta o quinta reencarnación el ser humano se queda sin saldo dharmático
y, por tanto, se ve obligado a descender hasta el principio de la rueda de la reencarnación, pues no es posible seguir adelante en un proceso evolutivo cuando un alma sólo tiene porcentaje karmático. Cuando se arriba a este punto, el alma debe volver a comenzar desde cero.

Todo beneficio dharmático que pueda tener un humano se elimina cuando dicho humano efectúa acciones que deberían ser dharmáticas en busca de sanar karma anterior efectuado por maltrato animal.

Cuando dos humanos hayan acumulado el mismo tipo de karma animal en una existencia anterior, en la siguiente reencarnación serán miembros de la misma familia o bien, cónyuges, y ambos perecerán de forma dramática a manos de un animal salvaje, bien sea juntos o uno después de otro. Así, experimentarán el mismo dolor que previamente causaron a otro hermano animal.

Cada consejo animal tiene sus propias leyes en función de la misión que esa especie tiene sobre la Tierra. Cuanto más importante sea la misión de la propia especie, el saldo karmático será superior por afectarla.

A manera de conclusión, les sugiero no dañar a ningún ser vivo, sin importar su tipología o especie, ya que se encontrarán perennemente inmersos en una cuenta pendiente con evidente efecto karmático.

Consideren que, por cada existencia en la que hayan lastimado a un animal, deberán afrontar tres existencias más de sanación karmática, antes de poder tener una cuarta existencia que les permita avanzar en su proceso evolutivo. Por esta sencilla ley muchas almas quedan atrapadas en un mismo nivel evolutivo.

Te comparto la historia de un cazador de elefantes de la década de 1920 que aún se encuentra pagando el karma que acumuló durante esa existencia, y quien deberá esperar todavía 150 existencias antes de poder proseguir su sendero evolutivo. Por si fuera poco, eso lo conseguirá únicamente si durante esas 150 existencias siguientes no reincide en dañar a otro hermano animal. De hacerlo, se volvería a activar la misma rueda karmática dentro del presente karma que no termina de saldar.

El alma y las emociones de tu felino

La existencia es como un ronroneo,
en un momento le escuchas,
te estremece y luego simplemente desaparece...

 capítulo 5

El tema de este capítulo es la energía, la recarga que los felinos necesitan hacer constantemente para ayudar a la humanidad a purificar su cuerpo energético y depuración energética, como también en los espacios de sus hogares. La energía que requerimos para purificar a cada miembro de la familia, cada espacio y cada pensamiento en un mismo hogar supone una sobrecarga muy desgastante para un solo felino. Por esto conviene considerar adoptar un felino por cada persona que viva en una casa; de lo contrario, el gatito que esté solo podría morir desfallecido por sobrecargarse de las energías densas que retire de cada humano...

Nos habla Mishka:

Nosotros somos criaturas energéticas con circuitos energéticos que nos mantienen conectadas a múltiples dimensiones a la vez. Esta cualidad conlleva un desgaste importante en este ámbito, que aumenta si sumamos el hecho de que somos depredadores naturales. Requerimos recargar constantemente energía. ¿De dónde recibimos esa energía? Del amor que nos dan y de las largas horas de sueño que disfrutamos durante las cuales desconectamos muchos sensores cerebrales para conectarnos a otros que son conductores más lentos de información. Este mecanismo nos permite entrar en un estado de sueño ligero que se interrumpe ante el menor cambio energético de movimiento, voz o vibración que nuestro cuerpo físico detecte.

A pesar de contar con una fisonomía muy bien diseñada para responder a situaciones que requieren una rápida escapatoria, nuestro interior es menos resistente de lo que parece. Esta desventaja evolutiva se debe a que la resistencia fue sacrificada en pro de dotarnos de un cuerpo aerodinámico, de una mirada potente, de un sentido de detección de movimiento y sonido. Todo ello nos convierte en criaturas muy delicadas ya que nuestros órganos internos están prácticamente expuestos casi tan sólo por debajo de la piel.

Si bien tenemos esqueleto, no está tan bien armado como el del ser humano, que cuenta con corazas de protección para aislar los órganos internos en todo su ser. De ahí nuestra gran vulnerabilidad ante cualquier situación externa o interna. Una simple infección, un susto, una depresión, o cualquier aspecto que altere nuestra estabilidad emocional. Por tanto, nuestra estabilidad puede convertirse en un problema de salud y requerirá de soporte veterinario. Nuestra estabilidad emocional depende de nosotros mismos y de nuestra capacidad de adaptación ante las circunstancias más adversas, pero poder confiar en nuestros humanos es un factor fundamental. Un felino enfermo que se sienta amado podrá aguantar más tiempo sin alimento que uno que no se sienta amado.

En el primer caso, aunque viva una situación muy grave y potencialmente fatídica, un felino que sienta amor constante por parte de sus humanos y que tenga suficiente reservas grasas bajo su piel, podrá resistir hasta un mes sin ingerir alimento, bebiendo agua únicamente (aunque mi recomendación es evitar que su felino llegue a ese límite). Un felino sin comer durante tres días tiene ya un problema de salud que puede derivar en daño hepático. Para evitar problemas graves ante la mínima señal de inapetencia deberá ser evaluado por un veterinario.

Somos seres independientes. Sin embargo, cuando entablamos un lazo de unión energética muy fuerte con nuestro humano, esta independencia tiende a desaparecer y el factor de necesidad emocional determinará nuestro bienestar emocional y espiritual. Es esencial para nosotros contar con humanos cabales que gocen de la estabilidad emocional, espiritual y económica que requerimos, ya que les habremos transferido la responsabilidad de proveernos de seguridad, lo que en estado salvaje dependería exclusivamente de nosotros mismos.

Nos volvemos criaturas muy dependientes de la derrama de amor, protección y vitalidad que recibimos de los humanos. Al quedar expuestos a eventos traumáticos, perdemos el falso equilibrio que habíamos transferido a nuestra familia humana y entramos en condiciones de pérdida de control, nerviosismo extremo, impotencia, desestabilidad emocional, angustia, agresividad, temor y separación emocional. Y es que, al no poder digerir los hechos, interpretamos la falta de seguridad como una grave falla de nuestro humano hacia nosotros.

La complejidad crece en la medida en que nuestro humano pasa por estados de ira, angustia, miedo, odio, toxicidad expresada en cualquier forma, ya que entonces habremos perdido una parte de nuestra propia alma y de nuestra percepción del mundo. Eso trae secuelas inquietantes en nuestra conducta y marca un antes y un después que pocas veces se logra sanar y resolver.

De esa forma, nuestros patrones físicos, energéticos y emocionales están altamente ligados a la estabilidad emocional, mental y del alma de nuestros humanos. Si ellos se contaminan en grados severos, nosotros podemos perder un estrepitoso porcentaje de la energía que mantiene funcionando correctamente a nuestro sistema inmunológico. En consecuencia, si el imperfecto ser humano pasa una racha maldiciendo, odiando, destruyendo, insultando, buscando venganza o matando, nosotros perdemos de 45% de nuestra energía a 80%, punto en el cual rara vez lograremos superar esa situación.

Muchos gatos sanos han muerto inexplicablemente por meras causas de contaminación energética que sus humanos les transfieren. Eso ocurre sobre todo cuando el humano no acostumbra purificar su campo emocional, energético y mental de forma regular.

Las necesidades de tu felino

No mires los impedimentos,
sólo observa las posibilidades.

 capítulo 6

Desde su nacimiento, los seres humanos necesitan cuidados específicos para cada etapa de su crecimiento; es muy distinto lo que requiere un adulto mayor, un adulto, un adolescente, un niño y un bebé. Del mismo modo, a lo largo de la existencia de un felino, este debe recibir ciertos cuidados específicos. Una gatita embarazada necesita alimento para cachorro enriquecido en nutrientes, para estar más fuerte durante el parto, Las crías, durante sus dos primeros meses de vida, requieren una toma de leche cada dos horas, una dosis extra de aseo personal, alimento para bebé, mucha paciencia mientras aprenden a comer por sí solas, a usar el arenero y a regular su temperatura corporal. Así como cuidar a un bebé humano es una tarea de 24 horas, lo mismo implica criar a un felino que ha perdido a su madre o a quien esta lo rechazó por estrés, por miedo, por la presencia de extraños o por depresión posparto. Los felinos son muy sensibles que incluso pueden morir de un paro cardiaco por un gran susto o una depresión, por no sentirse amados o por vivir en malas condiciones o carentes de amor. En este capítulo veremos los cuidados específicos que hay que prestarles.

Nos habla Mishka:
El parto felino

● La vida sexual felina

Las gatitas solemos entrar en madurez sexual entre los cuatro y cinco meses de vida, en tanto que los machos lo hacen a partir de los seis o siete meses.

Tenemos múltiples periodos de celo cada año, con una duración de cuatro a siete días, durante los cuales podemos buscar mucho contacto físico con nuestros humanos, aunque también estar muy irritables, inapetentes y estresadas.

En esos días, pueden surgir olores de gatos que buscan aparearse a pesar de no vivir en la propiedad. Quizás incluso los veamos bastante cerca. Los machos son capaces de reconocer cuándo estamos en celo, aunque se encuentren a cierta distancia.

Una vez que nos ubican, se limitan a esperar el momento oportuno para consumar el acto que, por cierto, es un tanto brutal. El macho se monta sobre nuestro cuerpo y muerde nuestro cuello impidiendo que nos defendamos. En realidad parece más una violación que un acto consensuado. El apareamiento puede ser peligroso y han ocurrido ya accidentes que provocan la muerte de las hembras. Tal vez lo más relevante es que durante nuestro celo podemos tener relaciones sexuales con varios machos diferente durante la misma fase de ovulación. De esta forma, nuestras crías no suelen ser del mismo padre, a pesar de pertenecer a la misma camada.

● El embarazo y el alumbramiento

Comencemos por la gestación. A diferencia de los nueve meses que este ciclo dura en una mujer embarazada, en nuestro caso toma sólo un promedio de 62 días a 67 días cuando mucho.

Respecto al alumbramiento, en promedio, la mayoría se llevan a cabo 64 días después de la fecha de apareamiento. Si contamos por semanas, se trata de un promedio de nueve a 10 semanas.

Por supuesto, puede variar en más o menos días en función de la raza. Las gatitas siamesas pueden tener una gestación de hasta 70 días. En todos los casos es posible que varíe el número de gatitos que conforman la camada. A mayor número de gatitos presentes, menor número de días requerirá la gestación, y viceversa.

◉ Síntomas de un posible embarazo

- Mucha hambre y actitud voraz en torno a la comida
- Aumento exagerado de peso pero sólo en la zona abdominal
- Fatiga crónica y prolongados periodos de sueño
- Agresividad repentina en torno a otros animales
- Protección territorial más agresiva
- Apariciones de bolas duras en el abdomen.

◉ Precauciones a seguir una vez confirmado el embarazo

- Cambiar el alimento de adulto a alimento para crías
- Proporcionar un entorno relajado a la gatita
- Alejar a la futura madre de otros felinos
- Facilitarle mucha agua y suficiente alimento
- Mantener siempre su cama caliente y confortable, con agua y comida a su alcance

◉ Actitudes de la gatita previas al parto

- Comenzará a buscar por toda la casa un escondite donde

dar a luz a sus crías, como si buscara con insistencia un objeto perdido

- Dará vueltas en círculo

- Se parará en cuclillas

- Emitirá diferentes sonidos guturales

- Se dilatarán sus pupilas

- Podría volverse muy agresiva hacia sus humanos o bien buscar mucha atención de su parte

◉ En el momento del parto

- Preparar una caja de cartón con una bolsa de agua caliente, cobijas y toallas en un espacio restringido y cerrado sin corrientes de aire y que proporcione a la futura mamá un entorno cómodo y seguro

- Estar al tanto del intervalo de nacimiento, que es de 30 minutos a dos horas de diferencia entre cada gatito. Sin embargo, puede también haber sólo una diferencia de 10 minutos entre uno y otro

◉ Material necesario para atender el parto

- Tijeras previamente lavadas y esterilizadas

- Un recipiente con agua limpia

- Guantes desechables nuevos

- Algodón limpio

- Biberones para gatito

- Leche en fórmula para gatito en caso de que la mamá los rechace o no produzca leche suficiente

- Toallas limpias

- Una caja de cartón acondicionada como nido

- Dos cobijas limpias, una para que la gatita esté cómoda durante el parto y otra para sustituir esta una vez terminado el alumbramiento

- Una bolsa para la basura

- Una transportadora con material absorbente en caso de que haya que trasladar la gatita al veterinario por una emergencia

Por lo general la gatita tiene a sus crías de modo autónomo: ella come la placenta, retira la bolsa amniótica, limpia a sus crías y corta los cordones umbilicales a cada gatito. No es aconsejable que coma todas las placentas, pues pueden producirle diarrea por exceso de proteínas.

Sin embargo, es posible que la madre se encuentre en shock por el parto. En tal caso, se requerirá la intervención de una mano humana que remueva la bolsa amniótica, corte los cordones umbilicales, limpie a las crías y elimine las placentas.

Si alguna de las crías o la madre se encuentra muy mal tras el parto, deberá

suministrársele leche en fórmula con una cucharadita de azúcar para subir la glucosa y estabilizarla.

Atención de las crías

Tras el parto, hay que limpiar a la madre, remover la cobija sucia y cambiarla por la limpia, no sin antes colocar la bolsa de agua caliente; verificar que todos los gatitos estén en perfecto estado y tener a la mano agua limpia, comida fresca y el arenero limpio para la madre; mantener a las crías vigiladas y en un ambiente cálido y colocar una lámpara encendida durante 24 horas próxima a su refugio. Es importante recordar que las primeras 72 horas son cruciales para determinar las posibilidades de vida de los gatitos.

Para evitar que la madre rechace a las crías, hay que evitar tocarlas o hacerlo con guantes, pero siempre interactuar con ellas lo menos posible. No obstante, es necesario controlar su proceso de crecimiento y su peso para cuando tengan que acudir a la revisión veterinaria.

A partir de los 25 días es aconsejable que la persona más cercana a la madre comience a interactuar puntualmente con los gatitos para que puedan comenzar a perder el miedo natural hacia los humanos. Este será su primer paso hacia la domesticación.

El inicio de la ingesta de alimento sólido deberá ser paulatino, partiendo de alimento húmedo para después pasar al sólido. La leche materna la consumen durante un promedio de nueve semanas.

A partir de las cuatro semanas comienza el nacimiento de los dientes, seguramente la madre estará menos dispuesta a seguir amamantándolos. Entonces comenzarán a consumir alimento húmedo, bien sea croquetas remojadas previamente en agua o alimento suave de sobre.

Para evitar el desarrollo de posibles alergias, se sugiere evitar los siguientes alimentos: el que contenga cereales; el más económico disponible en el mercado por estar hecho de patas y picos de aves; las marcas que han tenido demandas por causar enfermedades o muertes de felinos de forma masiva; los elaborados a base de pescado (los gatos son propensos a desarrollar alergias y todo pescado puede producirles graves problemas en este sentido, lo que supondrá gastos elevados para el dueño a la larga y problemas relacionados con la piel, el pelo y el proceso digestivo en el animal.

Si bien durante el primer año de vida lo recomendable es alimentarlos con comida húmeda, normalmente se introduce alimento seco a los nueve meses. En algunos casos incluso puede administrárseles alimento sólido para cachorro desde los tres meses y medio hasta cumplir el año. Todo dependerá del desarrollo de los gatitos. En ocasiones estos se desarrollan muy rápido y son capaces de consumir alimento sólido antes, pero cuando su desarrollo no sea óptimo, deberá prolongarse la toma de leche materna el mayor tiempo posible. Cada dueño podrá percibir en qué momento darles alimento sólido pues los propios gatitos comenzarán a mostrar la necesidad de morder: entonces habrá que introducir el alimento sólido remojado previamente.

Para más información, aquí se presenta una tabla de las tomas de alimento para los cachorros. Sus amos pueden elaborar el alimento de su felino, aquí proporcionamos fórmulas para ello.

Por último, mientras las crías no puedan alimentarse por sí mismas, se aconseja evitar estrés a la madre restringiendo la visita de extraños, ya que esto puede ocasionar su rechazo total a sus crías y ponerlas bajo riesgo de muerte. En su etapa de cachorros los gatitos fortalecen su sistema inmunológico por medio de la leche materna y tomarla con regularidad es la mejor manera de desarrollar un sistema inmunológico sano y garantizar su supervivencia.

En caso de rechazo, el humano deberá asumir el compromiso de alimentar a cada cría cada dos horas y limpiar sus genitales varias veces al día con algodón humedo para fomentar el buen funcionamiento intestinal y evitar que se desarrollen bolas de excremento en los intestinos, las cuales pueden llegar a requerir una cirugía de emergencia y, de no ser detectadas a tiempo, incluso causar la muerte de su gato.

Se tiende a creer que los gatos requieren pocos cuidados, que son seres muy independientes, incluso ariscos. Se dice que tienen siete vidas, lo cual significa que son muy resistentes.

◉ Para cuidar adecuadamente a un felino

Nosotros los felinos somos criaturas energéticas como todo ser vivo, pero requerimos de cuidados más complejos para poder compartir una vida plena y duradera contigo.

A menudo se piensa que para sobrevivir sólo requerimos agua y croquetas, pero eso es erróneo. Nuestro cuerpo es sumamente frágil. A pesar de nuestra aparente fortaleza física, casi cualquier cosa puede matarnos. Debido a esto, son pocos los veterinarios que logran sacarnos adelante ante una crisis pues disponen de pocas alternativas de tratamiento ante tantos padecimientos o enfermedades.

◉ ¿Qué es lo mejor que nuestra familia humana puede hacer por nosotros?

- No permitirnos salir al exterior. Es una idea equivocada permitir que entremos y salgamos de casa a nuestra discreción, ya que podemos exponernos a múltiples peligros: ser víctimas de infecciones bacteriológicas; ser apedreados o golpeados por personas ignorantes; contagiarnos de enfermedades mortales, alejarnos tanto que después nos resulte imposible volver; ser asesinados por perros hambrientos o morir atropellados, entre otros.

Por otro lado, podemos ser atrapados por otra persona que, con buenas o malas intenciones, nos impida volver a nuestro hogar. Por todo ello, es una pésima idea otorgarnos tanta libertad de desplazamiento.

- Mantenernos calientitos dentro del propio hogar, lejos de balcones si estos nos permiten escapar, y lejos de puertas y ventanas que se mantengan abiertas.

- Mantenernos vacunados y desparasitados.

- Si el humano decide someter a su felino a una operación, es fundamental acudir a un veterinario profesional para asegurar su éxito y evitar el riesgo de infección.

- Extremar precauciones en el periodo postoperatorio. Ningún gato responde de la misma manera a una operación, por ejemplo, de esterilización; depende del estado de su organismo y su sistema inmunológico.

Entender las necesidades que deben seguirse en el periodo postoperatorio:

1. Asegurarse de que tenga suficiente agua y un poco de alimento.

2. Mantener la herida limpia y desinfectada.

3. Cerciorarse de que esté cómodo y tapado con su cobija.

4. Controlar constantemente cómo se recupera de la cirugía.

5. Subministrarle los medicamentos recetados durante este proceso para evitar infecciones internas.

6. Procurar que nos sintamos amados y necesitados en nuestro entorno familiar. Esto puede ser la clave para que decidamos salir adelante o morir por la depresión que esta cirugía nos causa.

Los sueños, un espacio de sanación para tu felino

Deja que las fragancias de las flores,
de las plantas y que la intensidad de
las emociones te abrace en los momentos
de dificultad y desde estos te encontraras...

 capítulo 7

La mayoría de los felinos ponen en marcha sus mejores facultades durante la noche. En estado se resguardan de los extraños durante el día y en la noche salen a cazar y efectúan grandes desplazamientos, pues su campo visual se amplifica durante ese periodo. Los felinos domésticos no suelen cazar; se mantienen en estado de alerta vigilando el sueño de su humano y, cuando sienten que han alejado cualquier energía de baja densidad de su hogar, se permiten cerrar los ojos, relajar sus extremidades y dormir. Así, se sanan a sí mismos, recargan sus energías y liberan residuos energéticos provenientes de su hogar. En ocasiones, siguen a su humano y lo cuidan en sus sueños, efectuando trabajo de sanación, de protección o enviándole mensajes mentales.

Durante mucho tiempo la humanidad creyó que el estado del sueño sólo comprendía al ser humano. Con el tiempo la ciencia ha avanzado y hoy sabemos que los perros y gatos experimentan ese estado, lo cual nos lleva a preguntarnos: ¿qué clase de sueños tienen los gatos?

Nuestros amigos felinos son seres místicos, pluridimensionales, y esa característica prevalece en ellos, tanto en su estado físico como en su mundo energético, al que han pertenecido desde mucho antes de habitar en el plano terrenal. En estado de sueño pueden estar presentes resguardando tanto a su familia humana como a su familia gatuna. Pero también es posible que trabajen en soledad en alguna misión específica estando dormidos.

A diferencia de los seres humanos, los sueños de los gatos son pluridimensionales, cargados de un gran cumulo energético asociado con todos ellos; es decir, cada gato interactúa simultáneamente en realidades paralelas durante sus estados de sueño.

Muchas veces acompañan a los seres humanos con los que interactúan en su vida diaria para protegerlos de peligros astrales mientras duermen: alejan a entidades de oscuridad; concluyen pesadillas; minimizan su dolor emocional, mental y espiritual al prestarles servicio de depuración álmica.

Los felinos son protectores innatos, desde las antiguas civilizaciones. Por ejemplo, en Egipto resguardaban tumbas y templos, palacios y faraones. Esto es posible ya que al cohabitar en dos planos diferentes en el mismo lapso de tiempo, ellos transitan tan sólo en una pequeña parte de su ser en plano terrenal.

Físicamente están aquí en la Tierra aprendiendo de una experiencia corpórea y afrontando la densidad humana en todas sus formas, pero únicamente en un 30% a 40% de sí mismos en términos energéticos interactúa en el plano terrenal. En su gran mayoría, los felinos pasarán energéticamente más tiempo desconectados de su cuerpo físico persiguiendo grandes proezas felinas, experimentando saltos cuánticos y viajando en diferentes líneas de tiempo.

Y si se preguntan si ellos también llevan vidas paralelas, la respuesta es sí, aunque son mucho más vastas y múltiples que las limitadas versiones de vidas paralelas que pueden asociarse con un humano. Ellos logran descifrar una gran cantidad de información que difícilmente decodifica un ser humano. ¿Por qué pueden hacerlo? Sencillo, los gatos están bien equipados para relacionarse con múltiples dimensiones y diversas criaturas, físicas y energéticas.

Al ser animales sumamente sensibles e inteligentes, logran obtener información muy detallada del nivel vibratorio de las personas, de sus intenciones, pero también observar su realidad energética desde múltiples planos vibratorios. Son capaces de detectar estados emocionales, enfermedades e incluso decodificar el historial kármico de una persona a través de su olfato y su aura.

Por el simple olor de una persona, ellos obtienen su mapa energético e identifican gustos, nivel evolutivo, sentimientos y resonancias energéticas, entre otros datos como nivel de inteligencia y el tiempo que vivirá. Esto les permite conectar directamente con los registros akáshicos de esta persona y desde allí revelar su pasado, sus acciones, las emociones que experimentaron a grosso modo y acceder a conocer cómo murió en sus existencias pasadas.

Lo anterior les permite definir su conducta para con la persona en cuestión. Si esta resuena con el propio proceso evolutivo del gatito, él se mostrará confiado, afable, amoroso y cercano; en cambio, si la persona no resuena en la misma escala vibratoria del gatito, él puede mostrarse agresivo, huraño, indiferente o asustadizo.

Sus poderes

- Telepatía
- Viajes astrales
- Percepción de seres energéticos
- Precognición ante accidentes
- Premonición de los eventos
- Purificación del cuerpo etérico
- Purificación del sistema energético del cuerpo humano
- Purificación de energías residuales en el hogar
- Sanación emocional
- Sellado de campo áurico
- Apertura del corazón cuando este se encuentra bloqueado impidiéndole expresar emociones
- Combate el estrés
- Protección energética ante ataques de este tipo al situarse junto a alguien
- Detección de entidades energéticas de baja vibración
- Detección de enfermedades físicas
- Detección de estados de ánimo
- Decodificación de la esencia del alma de un ser humano (al igual que el perro, el gato puede detectar si una persona es buena o mala)
- Soporte espiritual
- Orientación geográfica por medio de mapas energéticos (los gatos tienen integrado en su cerebro un GPS que les ayuda a encontrar las rutas de regreso a su casa cuando están lejos)
- Liberación de sobrecargas de negatividad en la persona más próxima a ellos

Mishka se expresa

Saltas y te precipitas, saltas y te levantas, nunca te frenes por un breve salto que no se concretó.

Sueña porque mañana te saldrá mejor.

 capítulo 8

El poder de comunicación de los felinos sobrepasa la comprensión humana. Estos enigmáticos y multifacéticos animales representan un desafío para la limitada imagen que el humano se ha forjado respecto a ellos. Mishka alza la voz para clarificar qué implica ser un gato desde la propia perspectiva de un felino: sus facetas, su percepción del mundo, sus necesidades, su temperamento, su manejo emocional, su profunda capacidad de relacionarse con los humanos y sus capacidades extrasensoriales.

Nos habla Mishka:

Hablemos de nuestra excelente visión, la cual es resultado de años de evolución que nos han dejado como herencia los siguientes adelantos evolutivos en nuestro cuerpo físico:

- Tepetum Lucidum. Refleja los rayos luminosos que llegan a nuestros ojos. A esta característica se debe que nuestros ojos brillen en la oscuridad.

- Pupilas elípticas. Nos permiten controlar la luz que pasa por nuestros ojos.

- Retina. Nos permite efectuar enfoques rápidos de los objetos o sujetos en movimiento, ángulos de cobertura visual y un espectro limitado de una gama cromática mayormente desarrollada hacia la escala de los grises cálidos, fríos y neutros con alguna cobertura limitada de colores primarios.

- Visión binocular. Nos permite tener una visión de campo más amplia que la del ser humano. Ellos cubren un espectro visual de 200 en tanto que el nuestro se sitúa en 240. No obstante, nuestra visión es mejor en distancias cortas que en distancias largas, en las cuales nos ayudamos del sensor de movimiento que tenemos para identificar a la presa.

Los felinos somos animales de naturaleza inquieta, curiosa, vivaz, alegre, despreocupada. Estamos dotados de un espíritu libre y nos gusta estar en un ambiente cómodo y cálido. Ahora bien, cada especie tiene su propio temperamento, mismo que a continuación definiré.

Nuestra inteligencia

Como todo mamífero, nosotros tenemos cerebro y, si bien es de menor dimensión que el de nuestros humanos, poseemos una gran inteligencia, sobre todos los que enfrentamos la problemática diaria de desarrollarnos y hacernos entender por animales de otras especies y por el ser humano. En otras palabras, nuestra inteligencia se desarrolla mayormente cuando nos vemos obligados a salir de nuestra zona de confort. Sí, los felinos tenemos inteligencia, al igual que el ser humano. La nuestra es más intuitiva y creativa, pero nuestro cerebro nos da la capacidad de aprender con el tiempo a entender las conductas, el timbre de voz, el lenguaje corporal. Con nuestra inteligencia nos gusta dejar pasar muchas cosas, pero cuando es necesario sabemos responder y defendernos de todo tipo de peligros.

Seguramente se preguntarán cuál es en nuestro caso esta zona de confort. En términos felinos, esta se alcanza cuando vivimos en una colonia de gatos donde únicamente nos expresamos en lenguaje felino: entre siseos, maullidos, ronroneos, cabezazos, mordiscos, acicalamientos, amasándonos sobre las panzas de los otros y estos en las nuestras.

Todo este aprendizaje felino no será de mucha utilidad al llegar a casa de un ser humano. Allí tendremos que aprender a identificar un nombre, a entender las conductas humanas más desarrolladas, y a desarrollar nuestras habilidades hasta un nuevo nivel, mucho más complejo, que nos permita integrarnos y, sobre todo, darnos a entender y comunicar cada una de nuestras felinas necesidades.

Cuando vivimos en una colonia, no estamos obligados a aprender ni a desarrollar o implementar nuevas conductas, excepto cuando somos cachorros y aprendemos las conductas típicas de los gatos de nuestra madre o hermanos mayores, cuando tenemos la oportunidad de conocerlos.

Esto supone que nuestro periodo de aprendizaje concluye entre la sexta y la octava semana de vida, salvo si nacemos muy bajos de peso y de tamaño. En este caso el periodo de desarrollo puede ser más lento y concluir entre los tres y cuatro meses. Para entonces habremos aprendido todo lo necesario para llevar una convivencia felina por el resto de nuestros días, ya que después de esa edad por lo general entramos en una zona de confort que no implica aprender nada nuevo.

Pero ¿qué ocurre cuando a partir de esa época vivimos entre seres humanos? Nos vemos expuestos a constantes necesidades de entablar comunicación, ya que no todo lo que expresa un ser humano es detectable para nuestro lenguaje felino, y no todo lo que expresamos en nuestro idioma será comprensible para nuestros humanos.

Sí. Hablamos de barreras idiomáticas. Para ilustrar mejor lo que quiero transmitir, imagina que de súbito te ves alejado/a de tu familia, la cual hasta entonces fue tu mundo, para llegar con seres de otra especie que se comunican entre sí en un idioma que no es ni remotamente parecido al tuyo.

Y te quedas allí, sin saber qué hacer, cómo debes comportarte, qué es correcto hacer o decir. Sin comprender en un primer momento cómo reaccionar ante una comodidad repentina, ni saber cómo comportarte frente a estos seres.

Te sientas, evalúas la situación, analizas las vibraciones, el tono de su voz. Pero poco más puedes hacer, te encuentras temeroso, alerta, desconcertado y confundido.

Es exactamente como nosotros nos sentimos al llegar a un hogar de humanos.

Pero tras nuestra necesidad de explorar y asimilar, al pasar un par de días surge en nosotros la necesidad de desarrollar un nuevo lenguaje para entablar comunicación con nuestros humanos.

Por consiguiente, debemos adoptar conductas diferentes y específicas para comunicarnos de forma más asertiva con cada humano que viva en ese lugar. La comunicación que funcione bien con uno no será exitosa con los demás y esto nos obliga a desarrollar y afinar nuestra inteligencia en todos sus aspectos:

- Inteligencia cerebral

- Inteligencia espacial y visual

- Inteligencia cinética de nuestro cuerpo

- Inteligencia interpersonal asociada al mundo felino

- Inteligencia interpersonal asociada a nuestros humanos

Lo crean o no, los gatitos también tenemos un CI que varía entre uno y otro, y es resultado de largos procesos evolutivos conducidos por nuestra alma. A mayor vejez álmica, mayor inteligencia habremos desarrollado, ya que, a diferencia de los humanos, nosotros tenemos más activos los recuerdos de experiencias pasadas tanto de esta existencia presente como de las anteriores. Es un hecho que no todos los gatitos piensan igual, pero "todos pensamos".

El vivir entre humanos nos hace desarrollar áreas psicomotoras que no están presentes en nuestros parientes salvajes para hacer diversas cosas.

Por ejemplo:
- Abrir una puerta

- Indicar con la cabeza dónde esta la gaveta en la cual se guarda nuestro alimento.

- Mostrar rechazo ante la transportadora cuando es tiempo de ir al veterinario. Los gatitos odiamos las visitas médicas.

- Identificar por el tacto el carácter de un humano

- Identificar qué humanos suponen una protección y cuáles una amenaza

- Detectar afinidades álmicas con ciertos humanos

- Decodificar el lenguaje humano no verbal

- Decodificar el lenguaje humano verbal

- Detectar entradas y salidas de la vivienda

- Detectar aparatos eléctricos e identificar sonidos asociados a cada uno de estos

- Responder a órdenes precisas

- Reconocer el lenguaje verbal y no verbal asociándolo a situaciones

> **🐈 Nota:**
>
> Los gatitos respondemos mejor a las voces femeninas porque, al ser agudas, las percibimos como sonidos amables; por eso solemos ser más obedientes cuando vivimos con mujeres que cuando lo hacemos con hombres.
>
> Los gatitos no respondemos bien a sonidos graves, que relacionamos con agresión y peligro inminente; ante estos sonidos podemos mostrarnos agresivos.

Los gatos y la reencarnación

En un espacio comprendido en la nada, donde no existen emociones ni dolor, sólo una sencilla vibración asociada al vacío, con un ritmo continuo, se gestan las almas felinas en un intervalo divisorio entre una reencarnación y la subsiguiente. Es este un espacio de desconexión, en el que nuestras almas terminan de purificar sus apegos, sanar sus heridas emocionales y tomar mayor conciencia de nuestro propio proceso evolutivo, antes de tener la fuerza necesaria para volver a comenzar un proceso evolutivo en un nuevo manto físico.

Esto puede considerarse como un largo sueño de sanación vibratoria, energética, mental, espiritual y emocional, tras lo cual todo comienza de nuevo, una selección de condiciones específicas que pueden ofrecernos las mejores posibilidades evolutivas. Pero también muchas veces nosotros elegimos mantos imperfectos si así podemos ayudar a despertar la conciencia de la humanidad, si con este sacrificio energético logramos causar un gran impacto que ayude a nuestra especie y a reconciliar nuestras necesidades y cualidades con las del humano.

● ¿Y si se pregunta cómo se desarrolla este proceso?

Verán. Todos los gatitos compartimos el trayecto evolutivo de nuestra alma. Así como ustedes transitan por diferentes existencias aprendiendo de múltiples realidades, de diferentes escenografías, tiempos y realidades, en las cuales en ciertas ocasiones vestirán un cuerpo femenino y en otras uno masculino, los gatitos también lo hacemos transitando de una época a otra, recorriendo diferentes senderos, vistiendo diferentes mantos asociados a diferentes especies. En ocasiones seremos machos, en otras hembras; en algunas viviremos como gatos ferales y en otras como gatos domésticos.

Si elegimos vivir como gato feral en una encarnación, esto se debe a que en esa existencia vendremos a soltar una gran carga de dolor atrapado en nuestros filamentos álmicos, cuya estructura de conformación es más compleja que la de los humanos.

Por su parte, ustedes tienen dos principios vibratorios en su alma, filamentos entretejidos en dos direcciones —horizontal y vertical— presentando una forma alargada e irregular que permite que sus emociones y experiencias sean menos profundas y más fáciles de superar.

Aun así, esta composición tan limitada ofrece mucha carga energética y emocional por sanar, ya que se densifica de una existencia a otra y, como es natural, a mayor número de reencarnaciones de dicha alma, más difícil será restaurar este entretejido a sus niveles óptimos, durante una etapa de mediano desarrollo espiritual, pudiendo liberarse a partir de que esta alma llegue a ser vieja.

Por nuestra parte, los felinos tenemos un entretejido más complejo comparable con la forma de una raqueta de pádel que tiene filamentos en sentido horizontal y vertical, pero también en dos sentidos diagonales, uno que corre de derecha a izquierda y otro de izquierda a derecha. Los filamentos álmicos en sentido horizontal y vertical nos asocian al plano de la existencia física y los que corren en sentido diagonal de derecha a izquierda y viceversa nos contactan con el plano energético. En cambio, los filamentos álmicos humanos son mixtos: en sus dos sentidos conectan con el plano físico y energético. Los nuestros están bien divididos pues cada uno cumple con una función muy diferente.

En nuestro caso, tras concluir una existencia terrenal, los filamentos álmicos que corren en sentido horizontal y vertical se desintegran cuando nuestra alma abandona nuestro manto físico y quedan sólo aquellos filamentos en diagonal. Con estos nuestras almas pueden descargar de golpe una buena carga de emociones y peripecias efectuadas en plano terrenal, y al tener aún la malla conformada por los otros dos sentidos de filamentos diagonales podemos seguir existiendo como energía pura por mucho tiempo.

Posteriormente, cuando nuestra alma está lista para reencarnar, días antes de nuestro nacimiento comienzan a nacer en nuestra alma nuevos filamentos en sentido horizontal y vertical que terminarán de conformarse al momento del parto.

Así, es posible considerar que nuestras almas se reconforman ante cada nueva reencarnación.

Eso causa un entretejido mucho más cerrado, lo que significa que todos los felinos retenemos de forma consciente mayor información asociada a todas las vivencias que nuestra alma ha experimentado en sus existencias, esto nos permite ser más receptivos y decodificar mejor las energías y la información de múltiples planos dimensionales que recibimos cada día, ya que tendremos que interactuar con infinidad de energías. De ahí que para nosotros sea tan difícil sanar y olvidar los traumas derivados de heridas emocionales como abandono o maltrato físico.

Los gatos vivimos cada experiencia terrenal en gran profundidad, bien sea si decidimos reencarnar en un gatito feral sólo para desechar el dolor y el enojo que pudieron causarnos en existencias anteriores y que debemos soltar antes de una nueva reencarnación; o bien, si optamos por vivir en un entorno de comodidad eligiendo reencarnar en casa de un humano lo suficientemente noble y bien experimentado para poder otorgarnos amor, protección y dignidad a lo largo de toda nuestra existencia.

En realidad, ambas experiencias son permitidas, pero cada una conlleva un proceso de crecimiento espiritual muy diferente al otro. Y cada uno de nosotros expresa todas las tipologías de felinos, de razas y de circunstancias antes de concluir nuestro ciclo evolutivo sobre la Tierra. Por tanto, todos los tigres en algún momento fueron gatos y todos los gatitos en algún momento seremos tigres, leones, chitas, pumas o panteras.

Para ustedes es complejo entender su propio proceso de reencarnación y quizá por ello se encuentren en shock ante mi discurso, dado que nosotros experimentamos múltiples procesos evolutivos de mayor complejidad y con una derrama energética más honda experimentada en cada una de las existencias que hayamos determinado tener.

En ocasiones reencarnamos por espacios de tiempo muy concretos y bastante cortos, y en otras llegamos a ser muy longevos. Sea cual sea el tiempo de una u otra reencarnación, lo más importante es experimentar todo aquello que pueda beneficiar a nuestras almas. Y cuando somos muy amados y correspondemos con el mismo amor desde nuestra perspectiva felina, solemos volver a buscar a quien bien nos ha ofrecido un amoroso hogar.

Nosotros no podemos concluir el ciclo de las reencarnaciones hasta no haber completado al menos una existencia en cada una de las razas de felinos presentes en el planeta. Y aquí hablo de todos los felinos, domésticos y salvajes.

A diferencia del ser humano que no logra tener un recuerdo consciente de su etapa en el útero de la madre, nosotros a nivel energético somos conscientes de todos los sonidos y del timbre de voz de nuestra madre, y percibimos ciertos entornos, distinguimos algunos olores y sonidos estando aún en el vientre materno. A pesar de que nuestros oídos. fisicamente se terminan de conformar hasta las 3 semanas de nacidos.

Todo ello nos otorga una sensación pluridimensional que facilita el desarrollo de nuestro cerebro en las áreas psicomotoras. Podemos incluso recordar de modo consciente los estados anímicos, emocionales y mentales de nuestra madre.

Pero somos al mismo tiempo capaces de reconectar con cada una de las vivencias experimentadas en las reencarnaciones anteriores cuando en todas ellas nos encontramos en el vientre materno de cada una de nuestras madres anteriores.

Somos animalitos profundamente adaptables en diferentes circunstancias, aunque no todas sean idóneas para nosotros y, a pesar de no tener circunstancias karmáticas por sanar, esto no implica que no transitemos por algunas existencias cuyas circunstancias pueden ser muy difíciles.

Como todo ser vivo, antes o después afrontaremos pruebas complejas evolutivas. Y cada felino experimentará sus propias emociones en torno a la experiencia. Cada felino desarrolla sus propias vivencias, creencias, experiencias y asociaciones de modo pluridimensional, algunos de un modo más tranquilo y otros reaccionando con cierta agresividad ante las mismas circunstancias. Vibración, resonancia, energía y amor, ellos determinan cómo nos conduciremos de una experiencia a otra, entre una colonia de gatos o entre diferentes miembros de una misma familia humana.

Yo he transitado por diversas existencias, algunas sencillas y de poca evolución, otras muy enriquecedoras. En mi presente encarnación fui hija de una hermosa gata blanca, de quien heredé mis ojos azules y mi manto blanco. Ella vivió en una comodidad controlada, hasta un día, su desmedida curiosidad la llevó a escapar para recorrer el mundo.

En la visión de un gato eso significa recorrer algunas calles, trepar a ciertos sitios, contemplar el paisaje, observar a las aves y pasar horas mirando el cielo imaginando que saltamos entre las nubes. Durante su transitar en una de esas tantas escapadas conoció a mi padre, un gato negro criollo con un abuelo de pelaje amarillo, un padre de manto negro y una madre siamesa.

Su historia es una de tantas. Fue rechazada por su deshonra, aunque en realidad se le expulsó de su morada por crueldad, por denigración y rechazo social, como sucede casi siempre que una hembra de cualquier especie entra en estado de gravidez...

Hambrienta, asustada e inútil para buscar su sobrevivencia, así nos trajo al mundo. Tuve siete hermanos, cinco negros, uno con las clásicas características de siamés, uno amarillo con manchas negras en torno a sus patas y su hocico. Y yo. Fui la única hembra de la camada. Al final me alegro, la vida en la calle no es segura ni agradable para una hembra...

Al poco tiempo mis hermanos se dispersaron; sólo el amarillo permaneció más tiempo con nuestra madre y conmigo, pero pasadas unas semanas, murió a consecuencia de problemas respiratorios.

Nunca supimos qué ocurrió. Mi madre centró su atención en mí, hasta que una tarde, mientras yo lloraba de hambre, mi madre salió a buscar un poco de comida para ella. Entonces unos niños me descubrieron y atraparon. Nunca más volví a ver a mi madre. Una niña me llevó a su casa; en un principio sus padres me acogieron con entusiasmo, pero este se acabó rápido...

Hasta que un día, aproximadamente a los ocho meses de edad, salí a conocer el mundo, ese que ya sólo era una difusa imagen en mi memoria. Sí, los gatos tenemos memoria. Acechando se encontraba un enorme gato amarillo de ojos verdes y brillantes, cuerpo robusto. El acto fue muy violento, me asusté, me mordió el cuello impidiéndome soltarme y escapar. Al día siguiente fueron dos gatos más, uno negro y uno atigrado.

Al poco tiempo mi barriga comenzó a crecer y comprendí que estaba embarazada. Al darse cuenta de mi estado, al igual que a mi madre, los humanos me desecharon como basura.

La crueldad humana comenzó a dibujarse en mi cotidianeidad. Intentaron patearme, me amenazaron con un filoso cuchillo en una cocina, me gritaron y mi pesar, aunado al hambre que creció junto con mi miedo a perecer en esas circunstancias, se expandió por todo mi ser. Fui ignorada, la gente me contempló como si fuese una basura más de las tantas presentes en el suelo.

Llegó el invierno y di vida a mis gatito, cuatro amarillos como su padre, un negrito de ojos azules, una gatita gris parda y uno blanco que nació muerto. Y al que nadie conoció...

Cuando me desecharon, un hombre me tiró un domingo por la noche en el barrio de San Ángel, sobre la Calle de la Amargura, un nombre muy atinado ante aquella desventura. Vagué con el vientre hinchado, los cojinetes cansados, mis huesos ateridos del frío, sintiendo que la muerte me acechaba a cada paso.

Encontré un escondite perfecto, una madriguera donde mis crías estarían a salvo, al menos durante un breve lapso de tiempo. Me escondí en el inmenso jardín del centro comercial Gran San Ángel donde por un primer momento estuve relativamente a salvo, hasta que la dueña del restaurante que se encuentra en ese lugar me consideró una plaga, una basura que no merecía vivir. Según su criterio, ni yo ni mis crías teníamos el derecho de existir y, decidida a exterminarnos, contrató a una compañía de control de plagas.

Los empleados colocaron trampas con comida envenenada muy cerca de la madriguera donde reposaban mis crías. Al salir a buscar comida, ya no se me permitió el ingreso. Me angustié y me sentí culpable, aterrada, hambrienta y humillada. Pensé que mis crías morirían solos, sin tener a su madre para cuidarlos. En la calle vagué hambrienta clamando por la ayuda y cuando pensé que las cosas sólo podrían empeorar...

Apareció ella. Mi salvadora... Valeria, con su bondad y su ternura, me apoyó a mí y a mis gatitos dándome alimento; en su momento le enseñé a mis crías para que me ayudara. Y cuando todo estaba perdido y me encontré aterrada y desolada, creí perecer.

Ella y Akari entraron en acción, salvándome a mi junto con dos de mis crías, las únicas que pudieron rescatar. Posteriormente, ese mismo fin de semana un rescatista animal fue a recoger a mis demás gatitos. Nunca volví a verlos.

El temor se reflejó en mis ojos al llegar a mi nuevo hogar, el cual se convirtió en mi última morada. Pasé horas sin salir de mi escondrijo, sólo bebiendo leche y agua. Pero los cuidados y el amor son capaces de sanar hasta las heridas emocionales más hondas.

Y allí, donde antes encontré el odio, el rechazo, la miseria y la maldad, repentinamente mi mundo se transformó. Olvidé la dureza de las calles, el desenfado de los transeúntes a quienes imploraba por un poco de alimento; en realidad, lo hice más por mis crías que por mí misma.

Aquel entorno adverso sacó a la luz mi instinto de conservación. Fui salvaje, comí sobras, cacé ratones. Padecí hambre, frío, miedo y maltrato. Después de tanto dolor me tomó tiempo comprender que un ser humano me ofrecía sosiego, amor, alimento, protección y respeto. Para mí y para mis crías Ámbar y Galena. Los días transcurrieron y con ellos en este nuevo entorno inició mi transformación. Me sané y me liberé, aunque el trauma se mantuvo durante mi breve existencia terrenal... No fui capaz de relacionarme con extraños que acudían a mi nuevo hogar.

Gané confianza al tiempo que me sentí valorada, empoderando más mi espíritu. Fui amada y ese amor me acompaña incluso en este plano en el que ya no visto ese manto corpóreo.

Esa fue la historia que vistió mis días durante mi más reciente encarnación. Y es por este transitar felino que quise abrir los ojos de la humanidad aproximándoles a esta nuestra cotidianeidad.

Mi desprendimiento se efectuó una tarde al anochecer entre una confortable cobija y los brazos de Akari, quien me abrazó hasta mi último respiro. Y es así que elegí nacer, aprender tras el sufrimiento, vivir, amar y enriquecer mi alma de nutridas y hondas experiencias para poder alzar la voz en nombre de cada uno de los hermanos felinos que requieren respeto, amor y protección.

Espero que este esfuerzo mío pueda ayudar a otros gatitos a vivir una existencia digna, tranquila, siendo amados y amparados. Y en nombre de todos ellos expreso mi infinita gratitud a cada humano que ha sabido abrazar a un hermano felino, a un primo canino o a cualquier otro animal.

Sé que muchos de nosotros no somos criaturas fáciles a la hora de entablar relaciones cercanas con los humanos. Muchos gatitos tienen un temperamento complejo, tal como ocurre en el proceso evolutivo de las almas humanas cuando se encuentran en sus primeras experiencias terrenales.

Entonces son seres agresivos incapaces de reconocer o valorar el amor y los cuidados que se les ofrecen, porque al final ningún alma humana o animal aprender a amar en una sola existencia. Este es un proceso complejo y largo que requiere de cientos o miles de existencias donde el alma haya curtido cuidadosamente su ser alejando los residuos de la propia imperfección y puliendo la belleza interna que esconde.

Guía sobre el carácter de los felinos

Intercala tu prisa y tu calma,
únicamente así tendrás tiempo
para descubrir tu interior.

 capítulo 9

Hasta el momento actual he tenido experiencia con diez gatos diferentes. He aprendido sobre la naturaleza enigmática y la distinta forma de expresarse de cada uno. Ninguno construye la misma relación contigo que otro entabló previamente. Cada uno posee su propio carácter y su modo de ver la vida, de relacionarse con la comida, con otros felinos o con seres humanos. Unos disfrutan dormir alejados de cualquier ser humano y otros prefieren dormir lo más cerca posible de su humano; algunos son parlanchines, otros muy silenciosos. Incluso el color de su pelaje puede suponer diferencias notorias entre individuos de la misma familia. La relación que se establece con ellos implica siempre una nueva curva de aprendizaje y hace que la convivencia con ellos sea un auténtico reto para el ser humano. Lo que más amo de los gatos es el sentido del desafío, aunado a lo inesperado y a las profundidades emocionales en que pueden sumergirnos.

Nos habla Mishka:

Sabiendo que es fundamental que cada humano conozca nuestras particularidades de carácter, les comparto esta sencilla guía, en la que ofrezco una visión amplia de los diferentes temperamentos de nosotros los felinos en función de las razas que existen. Antes, les comparto los cuatro tipos básicos de carácter que expresamos los felinos que pueden aparecer sin importar su raza.

A la hora de elegir un gatito para adoptarlo, les aconsejo que observen detenidamente la expresión de sus ojos y cómo se comporta con ustedes. Es vital que se sientan cómodos con el felino y, a su vez, que él se sienta confortable con ustedes.

Caracteres básicos

● Caprichosos

A este grupo pertenecen los gatitos menos evolucionados, que pueden mostrarse enojados o irritables casi por cualquier cosa, pues su alma no ha aprendido lo suficiente del trayecto evolutivo, se encuentran en sus primeras reencarnaciones. Son gatitos impredecibles y su humano nunca debe situar su cara cerca de su rostro felino ya que pueden sufrir zarpazos imprevistos. Son muy irritables y con facilidad se estresan y se alteran ante la presencia de gente ruidosa. Ellos suelen marcar el ritmo de la relación y el grado de compenetración que tolerarán con los humanos. Es difícil ganar su confianza y posteriormente ellos impondrán los momentos de interacción; si se les obliga a interactuar con los humanos cuando no se encuentran de humor, pueden haber mordeduras y arañazos múltiples. En momentos de tranquilidad pueden estar atentos a sus humanos y en ocasiones se dejarán acariciar, pero sólo en determinadas partes del cuerpo. Estos gatitos aún requieren muchas existencias posteriores para lograr sacar lo mejor de su propia alma.

Los gatos difíciles y traumados suelen ir de la mano, son muy agresivos y esquivos, se esconden a toda costa con tal de no interactuar con los humanos, debido a sus malas experiencias con estos. Difícilmente se podrá domesticar a estos ferales, Son independientes al grado de que prefieren la soledad y la rudeza de las calles antes de sentirse dominados por el ser humano, aunque en muchas ocasiones este podría convertirse en su aliado protector.

◉ Extrovertidos

Estos gatitos no temen a la presencia humana. Primero observan energéticamente quién es ese humano y, luego de determinar que pueden confiar en él, se aproximan y permiten que se les acaricie casi desde el primer contacto. Son líderes por naturaleza y amarán descansar sobre los brazos de su humano. Son muy juguetones, pero hay que respetar sus necesidades. Pueden relacionarse bien con niños, siempre y cuando estos no los molesten jalando su cola ni tirándolos. Si sufren maltrato pueden exteriorizar su temperamento en todo su esplendor. Nunca es sano hacerlos enojar, los gatitos irritados pueden ser muy agresivos al sentirse en peligro. Si tu gatito da señales de agresividad, te recomiendo lo dejes a solas hasta que se calme y puedas entrar en contacto con él nuevamente.

◉ Tímidos

Son gatitos que mantienen cierta distancia hasta que se sienten cómodos con la presencia humana. Para interactuar con ellos es fundamental darles su propio espacio. Suelen permanecer retraídos y observar desde su sitio lo que ocurre en el mundo exterior. No es aconsejable pretender entrar en contacto directo abruptamente, ya que pueden mostrarse agresivos. Con el tiempo pueden ser excelentes gatitos de compañía, pero siempre estarán en alerta ante la presencia de desconocidos, manteniendo así su naturaleza.

◉ Tranquilos

Este es el grupo al cual pertenecí durante mi ultima encarnación y suele ser el asignado a los felinos más evolucionados. Somos gatitos apacibles con un sentido muy desarrollado de concentración y de alerta. Disfrutamos la calma y nos irritan los sonidos muy agudos. Nos gusta ir despacio en el arte de las relaciones con los humanos; primero nos mostraremos expectantes y retraídos hasta saber si estamos ante un peligro o bien, si nos encontramos en una zona segura. Vocalizamos poco y de forma muy puntual. Nos agradan las personas tranquilas, no somos los gatitos ideales para familias con niños pequeños, pero sí para personas solas o adultos mayores.

No somos muy nerviosos y podemos contemplar el mundo con parsimonia. Gozamos con el silencio y no nos gusta que haya visitas frecuentes en nuestro hogar. Solemos pasar largas horas contemplando a nuestros humanos y disfrutando de la cotidianeidad mientras meditamos y arreglamos el mundo desde un plano energético. Aunque somos muy dormilones y poco inquietos, ocasionalmente podemos escapar al jardín o al balcón.

Nuestras conductas por color

BICOLOR: los gatitos bicolor requieren que se respete su espacio. Son solitarios, estables y siempre se expresan con la misma conducta, resultan poco melosos. Inteligentes y con mucho carácter, suelen defender su independencia. Son muy cariñosos, pero cuando ellos buscan el contacto; no ceden si se les impone. Pueden mostrarse agresivos si los obligan a convivir con los humanos más de lo que desean. Divertidos y curiosos, les gusta tener su tiempo y administrarlo a su voluntad. Es mejor dejarles siempre su recipiente lleno de comida y agua limpia, y no intentar controlar sus horas de alimentación. Vienen a transformar la vida de los humanos con quienes interactúan, al punto que marcan un antes y un después en su perspectiva; desarrollan su capacidad de amar, les enseñan a descubrir su potencial de luz y los dotan de nuevas y más elevadas energías que les abrirán las puertas a nuevas oportunidades.

BLANCO: son los gatitos con mayor predisposición genética a tener los ojos azules y a ser hembras. Puede haber ciertas razas de este color con individuos machos, pero por lo general sufren trastornos genéticos, asociados a deficiencias en la pigmentación del pelaje. En cuanto al carácter, en general son inicialmente muy tímidos y recelosos. Por eso quien los adopte tendrá que actuar con mucha paciencia y tolerancia, darles un largo tiempo y propiciar un complejo proceso de adaptación al llegar a un nuevo hogar. No es fácil que alguien se gane su confianza y muchos humanos no lograrán entablar una relación con ellos. Pero, una vez que creen vínculos, estos siempre serán en profundidad, con relaciones muy cercanas y de por vida. Son muy fieles, cariñosos y hogareños. Les gusta proteger y acompañar a su humano el mayor tiempo posible, no entienden la distancia entre ambos. Cuando lo aceptan en su vida, intentarán estar muy cerca, incluso a la hora de dormir buscarán mantener contacto físico entre su cuerpo y el del humano. Cuidan que no se escape demasiado de su ángulo visual. Por ser muy sensibles, suelen pasarla mal cuando su humano se va de vacaciones sin ellos. Son gatitos muy avanzados evolutivamente, por eso hay menos presencia de felinos de pelaje blanco en el plano terrenal, y es que al ser mayormente almas viejas, muchos se encuentran en sus últimas encarnaciones terrenales.

CAFÉ O CHOCOLATE: son gatos muy inteligentes que suelen meterse en problemas debido a su gran curiosidad. Si bien son sociables, pueden mostrarse muy tímidos en un primer momento y requieren de tiempos medianos para adaptarse. Son gatitos de un único humano, de carácter hipersensible; en general, no responden bien a otros gatos ni a reacciones agresivas. Pueden perder la confianza con relativa facilidad y, de hacerlo, jamás volverán a confiar en ese humano.

Si llegaran a perder la confianza en su humano, se volverán muy solitarios, y hasta un tanto agresivos. Si no la pierden, su afecto crecerá con el tiempo y serán sumamente dóciles y cercanos a los seres que se han ganado su afecto.

CAREY: son gatitos muy retraídos que marcan distancia con los extraños mientras no entablen vínculos. Su carácter puede ser similar al de los grandes felinos. Prefieren observar desde la lejanía antes de interactuar; son cuidadosos, precavidos y recelosos de su espacio. Procuran estar lejos de la interacción con humanos, o por lo menos lo harán mientras no sepan qué pueden esperar de un humano en particular. Por lo general no son muy territoriales, pero sí defenderán su espacio si se sienten invadidos constantemente. No obstante, cuando entregan su confianza a un humano, pueden desarrollar un vínculo muy estrecho y mostrarse muy protectores, próximos y amorosos. Se mantendrán en alerta ante cualquier peligro que pudiese suscitarse o hacia su humano, a quien defenderán con garras y dientes ante el más mínimo peligro; llegan incluso a sacrificar la propia, por defender aquella vida. Cuando se encuentran en estado salvaje esta defensa la dirigirán hacia los miembros más jóvenes, más viejos o más débiles de la colonia.

GRIS: son gatitos alegres, juguetones, dinámicos, parranderos; muy mimosos, aman las caricias, aunque también suelen ser muy independientes, confiados, atrevidos y dinámicos. Son muy curiosos y fieles representantes del temperamento felino. Les gusta explorar el mundo, son muy intrépidos, incluso pueden mostrarse retadores tanto con otros gatitos como con humanos. Su población es una de las más grandes entre los felinos. Son sagaces, expresivos, comunicativos y de temperamento muy fuerte, llegando a ser irritables. También se muestran dóciles en algunos periodos. Tienen múltiples matices y marcados detonantes de temperamento, sobre todo en época de celo o cuando están asustados o irritables. Con ellos cualquier parámetro puede variar rápidamente.

MANTECA: suelen ser gatos sigilosos y experimentados, pueden inclinarse hacia un comportamiento curioso o tranquilo. Por lo general son de un solo humano, aunque sí llegan a convivir bien con más humanos. Alegres y despiertos, disfrutan del juego, en especial por las mañanas. Son intrépidos, sin ser muy destructores. Por otra parte, son muy dormilones, incluso más que sus propios congéneres, ya que nacen con la misión de equilibrar energías muy densas presentes en el hogar. Vienen a aportar luz y a purificar los hogares donde moran y es por esto que requieren más horas de sueño para depurar las sobrecargas de negatividad tan fuertes a las cuales suelen estar expuestos. Son gatitos amigables y de comportamiento muy lineal, pocas veces se suscitarán sobresaltos con ellos, incluso es muy extraño que se molesten con sus humanos. Y, a pesar de saber que tienen garras, rara vez su humano lo recordará al no exponerlas en el contacto diario; permanecerán casi siempre retraídas sin suponer arañazos accidentales o intencionales.

NARANJA: salvo que se encuentren en celo y se trate de un macho (que como todo gato en celo puede tornarse irritable y algo agresivo), en su vida diaria son amigueros, se relacionan bien con todos los miembros de una familia, aunque muestran cierta preferencia y simpatía hacia uno de sus miembros. Dulces y cariñosos, gozan las caricias y el contacto humano. Los gatitos amarillos son alegres, despiertos, juguetones y exploradores, tanto que tienen muchos problemas por explorar cada rincón de su hogar y del mundo. Son simpáticos y les gusta tomar el sol por largas horas. Vienen a inyectar amor en la vida de los más necesitados de afecto. Por lo general son gatitos de mediana evolución. Por tanto, no suelen ser muy agresivos; más bien, se muestran dóciles y afectuosos, exponiendo un abanico de actitudes que denotan cariño a sus humanos. Se llevan bien con muchos humanos y en algunos casos conviven amistosamente con canes. No sucede así con otros felinos, ante quienes se comportan de manera dominante, agresiva, quisquillosa y nerviosa; marcan y controlan su territorio, sobre todo si se trata de un gatito macho.

Negro: no obstante la pésima fama y las terribles persecuciones que han sufrido, estos gatitos son tímidos, amorosos, sensibles y altamente receptivos. Al igual que los siameses, son de un solo dueño. No aceptan hipocresía en su vida ni en la de sus amos; para ellos, un humano traidor no merece estar presente en la vida de sus humanos y serán capaces de agredir a cualquier persona que consideren mal intencionada o malvada hasta expulsarla definitivamente de su entorno o de su hogar. Los gatitos negros son muy sanadores, sobre todo en el plano físico. Su misión es retirar enfermedades de los humanos y alejar de ellos posibles enfermedades. Sumisos con sus humanos, elevan las vibraciones de las personas que interactúan amorosamente con ellos de forma constante.

Tricolor: se ha descubierto que los gatitos tricolor sólo somos hembras. Somos activas, juguetonas y muy curiosas. Si bien podemos tener un humor cambiante, no siempre es así; en mi caso, solía ser una gatita tranquila, incluso escuché decir que fui muy dulce y apacible. Somos afables, tolerantes a la presencia de otros felinos o caninos en nuestro hogar, también ante la presencia de niños o humanos que nos quiten la atención de nuestros dueños. Muy colaboradoras, procuramos facilitarle la vida a nuestros humanos. No somos conflictivas, evitamos a toda costa las confrontaciones.

Únicamente mostramos nuestro temperamento cuando percibimos amenazas para nosotras, nuestras crías o nuestro humano. Por lo general somos dóciles, cariñosas, cercanas, calmadas y expresivas con lenguaje no verbal. Venimos a la vida de nuestros humanos a darles esperanza, a enseñarles a sonreír de nuevo. Acostumbramos trabajar mucho con ellos para sanar sus heridas emocionales propias de la infancia.

Otras características de los gatos

Por otro lado, los gatos podemos presentar un rasgo predominante en nuestro temperamento por cuestiones genéticas, mismo que se acentúa por el entorno y las circunstancias en las que cohabitamos con otros seres vivos, sean felinos, caninos, humanos o de otra especie. En función de ello podemos mostrarnos:

- Nerviosos y con tendencia a la soledad

- Dominantes y con tendencia a la agresividad

- Espontáneos y con tendencia a la timidez

- Amigables y con tendencia a la docilidad

◉ Factores por considerar al adoptar un felino

♥ *Analizar su conducta inicial hacia un humano*
¿Es curioso? ¿Se interesa por interactuar? ¿O no da indicios de interés en los humanos?

♥ *Evaluar su mirada*
Los gatos suelen mostrar su temperamento a través de la mirada. Si su expresión es dulce, sabrás que un gato es confiable, amoroso, próximo al ser humano y muy cariñoso. Melosos, les gusta compartir largas horas en compañía de sus humanos y de otros animales.

Aquellos con mirada de enojo permanente son gatos de almas jóvenes y su enojo proviene de vidas pasadas, por casos de maltrato hacia su ser. Tienen memorias celulares de dolor. Estos felinos actúan de manera díscola, distante e independiente; su temperamento es agresivo cuando están nerviosos o se sienten en peligro.

Los gatitos con ojos bizcos son cariñosos, independientes y juguetones. Les gusta salir de paseo. Pueden ser muy mordelones, no les gustan las visitas de seres que consideran intrusos en su territorio. Suelen ser territoriales, pero sin llegar a la agresividad.

Los gatitos que sufren heterocromía —condición genética que causa que tengan ojos de distinto color— son curiosos, inquietos, exploradores y amorosos, pero al mismo tiempo independientes, deseosos de tener su propio espacio en soledad ante la presencia de otros felinos. No conviven muy bien con otros gatos, prefieren ser el único presente en el hogar. Fieles y amorosos, son ellos quienes determinan en qué grado y en qué momento interactuar con el ser humano. Las razas que mayormente pueden presentar esta condición son: angora, persa, Bobtail japonés, Van Turco, Khao Manee, Esfinge y British. Ahora bien, la heterocromía no los hace torpes ni menos inteligentes. En ciertos casos puede suponer una visión limitada en el ojo de color azul, pero en el de otra coloratura su visión será excepcional, compensando este defecto cromático y visual.

◉ El temperamento de los gatos según su raza

Cada gatito nace con emociones procedentes de reencarnaciones anteriores. También pertenecen a familias energéticas que siempre serán felinas; suelen vivir muchas experiencias dentro de la misma familia energética , aunque no en todas ellas pertenezcan a la misma especie o género de felino. Estas familias se conforman por niveles evolutivos similares dentro de una camada que se ha conformado en diferentes rencarnaciones conviviendo con las mismas almas felinas.

Todos vienen a desarrollar un proceso de reequilibrio energético de forma global, aunado a ciertas particularidades que vivirán en función de la familia humana que preseleccionan.

⁕ Americano

RASGOS DE CARÁCTER: muy sociable y atento con los niños, de carácter tranquilo, se adapta a vivir en departamentos y espacios reducidos, aunque siempre apreciará tener un espacio abierto donde estirar las patas.

RASGOS FÍSICOS: pelaje gris y blanco, rayas gruesas, largas e irregulares; cara redonda, hocico chato y ojos amarillos.

TIPS: Muy hogareño, protector, inteligente y suspicaz; busca entablar relaciones sólidas y duraderas. Dormilón. Le agrada mantener sus espacios lejos de intrusos. Se destaca por ser muy paciente.

⁕ Angora

RASGOS DE CARÁCTER: dócil y tímido, solitario, afectuoso con las personas con las que habita. Puede mostrarse agresivo o esquivo con los desconocidos. Requiere atención constante, ya que tiene un lado juguetón, pero, igualmente, necesita su espacio en soledad.

RASGOS FÍSICOS: manto todo blanco, canela, crema, chocolate, gris o bicolor; cuerpo esbelto, patas largas, pelaje muy largo, ojos azules o ámbar, o uno y uno.

TIPS: Muy tímido, receloso e irritable. No le gustan las visitas en su hogar y suele esconderse de ellas. Necesita su propio espacio. Él marca el momento de contacto con los humanos.

♥ *Angora turco*

RASGOS DE CARÁCTER: muy cariñoso hacia sus humanos, dócil, alegre y muy exigente para recibir afecto y cuidados, busca construir relaciones estables y prolongadas. Se adapta con fácilidad tanto a espacios grandes como reducidos. Muestra un caracter tranquilo, con intervalos de juego. Destaca su inteligencia, muy obediente, saben acatar ordenes. Se trata de un gato curioso y muy leal. Requiere atención constante y disciplina para evitar que se torne problemático

RASGOS FÍSICOS: mayormente manto blanco ojos azules, verdes, amarillos o dispares, pelo semi largo, patras traseras ligeramente más altas de las extremidades delanteras.

TIPS: Cauteloso ante la presencia de desconocidos, sensible y fieles, exigente y recelosos de la atención que reciben. Gusta pasar mucho tiempo cerca de su humano, pero no responde bien a los abrazos o a estar en los brazos por largo tiempo.

♥ Azul ruso

RASGOS DE CARÁCTER: gentil y callado, un poco reservado, muy apegado a sus dueños; necesita mucha atención por parte de los humanos con los que convive. Receloso, elegante, le gustan los espacios tranquilos.

RASGOS FÍSICOS: pelaje espeso color gris azulado, nariz corta y ancha, ojos amarillos, orejas medianas y hocico chato, patas gruesas.

TIPS: muy tímido, le tomará tiempo adaptarse a su nuevo hogar. Cariñoso, inteligente, ordenado y limpio. Requiere soledad, amor y mucha tolerancia para adaptarse a cambios de casa, a pérdidas familiares o a nacimientos de niños en el hogar. Inteligente y espontáneo, en confianza resulta un gato divertido, dócil y leal.

♥ Balinese

RASGOS DE CARÁCTER: primo del siamés, muestra un temperamento muy similar a este. Es afectuoso, juguetón, muy curioso en la vida diaria, suele estar muy apegado a una persona.

RASGOS FÍSICOS: orejas muy grandes, algo desproporcionadas en función del tamaño de su cabeza; patas largas y delgadas; cuello largo y delgado; ojos ligeramente rasgados; pelaje blancuzco con tonalidades manteca gris y café. Cuerpo más claro que el manto de la cola y las orejas, el tono de su cola se degrada de la punta a un café intenso hasta adquirir el mismo color del cuerpo.

TIPS: Inteligente, alegre, pero, al igual que el siamés, puede ser muy celoso de la atención del humano a quien entrega su afecto. Puede volverse irritable o agresivo si se siente desplazado en el orden de prioridades de su humano.

• *Bengala*

RASGOS DE CARÁCTER: de temperamento fuerte y dominante, algunos pueden ser un tanto salvajes como sus antepasados; terco, difícil de dominar. Cariñoso cuando quiere y con quien él elige, algo travieso y curioso. Puede ser meloso o desinteresado de los humanos.

RASGOS FÍSICOS: estatura mediana, cuerpo fuerte y robusto, cabeza ancha, orejas pequeñas, ojos color amarillo y manto corto. El patrón de su pelaje es irregular, recordando el origen salvaje de esta raza; la mayoría son de color canela, con manchas negras o café oscuro, pero hay variantes en beige, manteca, amarillo y naranja.

TIPS: Difícil de manejar, muy rebelde, sumamente independiente. Necesita mucho espacio y personas pacientes para poder adaptarse a ellas, nunca es domesticado del todo, ya que su instinto salvaje se mantiene activo en su ser.

• *Bengalí*

RASGOS DE CARÁCTER: activo e inteligente, comunicativo con las personas con quienes vive. Es sumamente hábil con sus patas delanteras, las cuales utiliza como manos. Le gusta mucho el agua, a diferencia de casi todos los felinos.

RASGOS FÍSICOS: de aspecto salvaje, pelaje parecido al del ocelote, ojos grandes de color amarillo o ámbar, patas ligeramente cortas y robustas; cara ancha y ligeramente grande en relación con su cuerpo; nariz recta, larga y delgada.

TIPS: Cariñoso, busca el contacto con su dueño siguiéndolo por toda la casa. Puede resultar irritante para las personas muy distantes. Si bien le toma tiempo adaptarse a su nuevo entorno, también puede adaptarse con facilidad. Juguetón, curioso y próximo a sus dueños, puede ser frágil, por lo cual conviene extremar cuidados con él.

❤ Birmano sagrado

RASGOS DE CARÁCTER: dócil y adaptable, no suele presentar estallidos de temperamento; sociable con los niños, un poco juguetón y no acostumbra maullar.

RASGOS FÍSICOS: cara ancha un poco chata y de aspecto robusto; nariz corta, recta y ancha, pelaje espeso y mixto, en algunas zonas muy largo y en otras solo largo; patas cortas y muy anchas, cuerpo fornido.

TIPS: Muy afectuoso, despierto y curioso, inteligente y tranquilo. Le gusta explorar todo lo que se encuentra en su entorno. Es un gato equilibrado que difícilmente se comporta de modo desconcertante. Suele demandar atención de todos los integrantes de su familia.

❤ Bobtail japonés

RASGOS DE CARÁCTER: alegre, activo; necesita mucha actividad en el día para no caer en depresión, por lo que es aconsejable para niños pequeños pues le gusta jugar mucho con ellos. Disfruta la compañía de los humanos. Por lo general es tranquilo, mostrando su mayor actividad durante la noche.

RASGOS FÍSICOS: estatura mediana, cara triangular, ojos muy redondos y grandes; nariz recta, delgada y larga; hocico pequeño; orejas puntiagudas y medianas un poco grandes en proporción al tamaño del cráneo. Manto es blanco con manchas en negro y canela, o en marrón, café, moteado, amarillo, blanco o negro.

TIPS: Acostumbra ser más activo por las mañanas. Muy parlanchín, amigable, cariñoso con su humano. Esta raza responde a su amo cuando le hablan con diferentes sonidos. Algunos consideran que su voz es muy dulce.

♥ Bombay

RASGOS DE CARÁCTER: alegre, calmado y cariñoso con las personas con quienes convive. No obstante, es muy independiente, necesita tiempo en soledad y recogimiento, en el que se mostrará ensimismado.

RASGOS FÍSICOS: ojos color ámbar, muy redondos; nariz bastante pequeña, recta y corta; pelo corto, cabeza ligeramente grande en proporción al cuerpo, hocico pequeño, cuerpo esbelto, patas delgadas y pelaje suave. Negro azabache completamente, incluyendo su nariz y las almohadillas de sus patas.

TIPS: Tranquilo, sociable y afectuoso, necesita mucho tiempo con su familia humana, no soporta bien la separación ni las largas horas en soledad en el hogar. Sólo es aconsejable para personas que trabajan desde casa. Si pasa mucho tiempo solo, puede desarrollar estados de ansiedad.

♥ Británico de pelo corto

RASGOS DE CARÁCTER: afable, dulce, sabe expresar sus emociones hacia los humanos; de carácter alegre y juguetón, es excelente compañero de juegos para los niños.

RASGOS FÍSICOS: pelo corto color gris y un poco áspero en relación con otras especies; nariz recta, algo corta y delgada; ojos redondos y grandes, de color naranja o amarillo; cola gruesa, larga y un poco espesa.

TIPS: Muy independiente, un tanto frío en el trato, no recomendable para personas que buscan un gato meloso. Puede mostrarse afectuoso cuando entra en confianza con su nueva familia, pero aun así buscará muchas horas en soledad. Por lo general desconfía de los extraños.

♥ Burmés

RASGOS DE CARÁCTER: extremadamente sociable, alegre, juguetón y despreocupado; indicado para convivir con niños. Excelente cazador, puede llevar a casa pájaros u otros animales muertos. Muy fiel y tan cercano al ser humano como lo es un perro.

RASGOS FÍSICOS: ojos grandes y redondos de color amarillo; pelaje ligeramente tostado que da la impresión de un manto dorado o agrisado; orejas regulares y pómulos muy marcados.

TIPS: Muy amoroso con los humanos, sociable, amigable. Excelente compañero para personas deprimidas, Sabe terminar estados de depresión en el humano, incluso cuando son prolongados. Muy buen compañero en todos los casos, inteligente y comprende instintivamente cómo debe comportarse con cada persona según su estado de ánimo.

♥ Ceylán o Ceylon

RASGOS DE CARÁCTER: se relaciona bien con los humanos; adaptable y vivaz, por lo que se recomienda para quienes cambian mucho de ciudad o de lugar de residencia. Dulce, confiado y amoroso, puede vivir bien en sitios muy reducidos, pero agradece contar con espacios verdes para mover sus patas.

RASGOS FÍSICOS: estatura media y cuerpo esbelto; pelaje corto y amarillo, elegantemente difuminado por todo su cuerpo (comienza en un tono más oscuro hacia la cola y se aclara a medida que se acerca a la cara). Ojos grandes y redondos de color ámbar o miel y orejas ligeramente largas pero no desproporcionadas.

TIPS: Sociable, afectuoso, ama la interacción con las personas. Muy activo, requiere espacios amplios para correr. Tiene mucha energía, por lo cual funciona bien con niños pequeños y destaca por su gran adaptabilidad a los cambios bruscos en su entorno.

❤ Chartreaux

RASGOS DE CARÁCTER: atento, cariñoso, reservado. Pacífico, no busca problemas; muestra una fidelidad muy similar a la de un perro. Le gusta el contacto físico y pega su cuerpo al del humano para poder controlar cualquier movimiento que este haga. Es silencioso y puede estar con personas que no gustan del ruido.

RASGOS FÍSICOS: pelaje espeso y corto; gris carbón al nacer y gris más cálido al crecer. Ojos de color naranja calabaza o amarillos, orejas medianas y cara redonda. Cuello corto, cachetes marcados, sobre todo al nacer.

TIPS: Muy tranquilo, afable, dócil, algo tímido al inicio. Muy adecuado para las familias de niños pequeños, con quienes se muestra muy tolerante y afectuoso. Muy hábil cazando ratones, a los que mantiene lejos de su hogar.

❤ Cornish rex

RASGOS DE CARÁCTER: sumamente cariñoso pero muy independiente; buscará cariño cuando él quiera y no cuando se le solicite. Adaptable, socializa bien con niños. Capaz de compartir su espacio con otros gatos, ya que no es una raza territorial. No obstante, puede mostrarse tímido y reservado con los caninos.

RASGOS FÍSICOS: cabeza triangular, orejas alargadas y grandes ojos ligeramente ovalados; pelaje corto, con tono elegantemente difuminado en blanco, beige, atigrado, bicolor, negro y canela.

TIPS: Divertido e intrépido, se mete en líos pues no tiene límites. Testarudo y activo, sabe lo que quiere y se muestra caprichoso ante la posibilidad de aceptar restricciones. Suele ser apegado a su familia de humanos. Destacado por ser parlanchín, puede resultar irritante para las personas solitarias o silenciosas.

♥ Criollo

RASGOS DE CARÁCTER: al tener ancestros de diferentes razas, puede mostrar cualquiera de los cuatro caracteres de los felinos. Igualmente, su fisonomía tendrá características mixtas. Suele ser alegre, independiente, vagabundo.

RASGOS FÍSICOS: todos los colores de pelo, corto o largo; todos los colores de ojos son posibles. Mayormente son grises con blanco, ojos verdes y pelaje atigrado.

TIPS: Independiente o muy dependiente, en función de cuáles genes son dominantes. Es un gato que necesita cierta libertad para sentirse cómodo; travieso y con necesidad de tener acceso a un espacio exterior.

♥ Cymirc

RASGOS DE CARÁCTER: tierno y juguetón, cariñoso y hogareño; convive con otros animales, ya que no suele ser territorial. Muy curioso y algo reservado en algunos momentos.

RASGOS FÍSICOS: cuerpo robusto y resistente; cola muy corta, da la impresión de que le fue amputada; patas fuertes y cortas; cabeza redonda. Pelaje mixto mayormente, corto con algunos pelos largos, de colores atigrados en café, difuminados en tonos de blanco, gris, negro y café con amarillo.

TIPS: Sociable, alegre, afectuoso, con propios como con extraños. Muy confiable y confiado, lo cual puede suponer un peligro si tiene acceso al exterior. Es muy inteligente y curioso, aspecto que lo puede llevar a afrontar problemas inesperados.

♥ Del bosque de Noruega

RASGOS DE CARÁCTER: meloso con sus humanos, inteligente, despierto, vivaz y adaptable a espacios reducidos o amplios; le gustan los sitios cálidos y es muy dormilón.

RASGOS FÍSICOS: tamaño medio, cuerpo musculoso, patas anchas y un poco cortas; pelo muy largo y manto atigrado; cara chata y ojos redondos color marrón con beige.

TIPS: Sumamente apegado a su dueño, busca fusionar su cuerpo al de su humano mientras duerme, busca la protección de ese ser en quien confía. Muy inteligente, aprende rápido y es muy comunicativo; se adapta bien a los paseos en coche, es muy curioso y disfruta los espacios verdes

♥ Devon rex

RASGOS DE CARÁCTER: se acopla con facilidad a la compañía del ser humano; es sociable y muy afectuoso, incluso meloso. Le gusta realizar actividades físicas, por lo que es necesario dotarle de pelotas y otros juegos para gatos. Se relaciona bien con niños pequeños.

RASGOS FÍSICOS: de talla chica a mediana, robusto y firme; ojos medianos y almendrados; pelaje corto blanco, atigrado, bicolor y gris. Por su expresión facial, parece estar enfadado, aunque no sea así.

TIPS: Afectuoso y cariñoso, muy sociable con su familia. Odia la soledad, ante la cual se muestra malhumorado. Ideal para convivir con personas que trabajan en casa y, como le gustan los espacios cerrados, es ideal para vivir en departamentos.

♥ Europeo

RASGOS DE CARÁCTER: muy independiente, aventurero, requiere un espacio amplio para moverse; de lo contrario, se vuelve irritante y demandante. Cariñoso y meloso con sus humanos, no se llevan bien con otros animales pues suele ser muy territorial.

RASGOS FÍSICOS: cuerpo musculoso y ligeramente alargado, cabeza redonda, ojos grandes y muy redondos; manto dotado de pelo corto y atigrado en grises o en marrones o con zonas blancas, atigrado amarillo y atigrado amarillo con zonas blancas.

TIPS: Necesita espacio y soledad, se muestra amigable y cariñoso con sus humanos. Es bastante tolerante ante situaciones que podrían estresar a otras razas; reacciona con timidez y recelo ante los extraños, a quienes podría expulsar de su hogar si se siente amenazado.

♥ Exótico pelo corto

RASGOS DE CARÁCTER: primo del gato persa, es hiperactivo y requiere estar rodeado de personas afines o familias con varios integrantes, lo que le permite no aburrirse por falta de acción. Es importante ejercitarlo bien para evitar depresiones o estados de ansiedad.

RASGOS FÍSICOS: cara muy chata, cachetes caídos, orejas pequeñas y cortas, cuello corto y ancho, cuerpo robusto, patas anchas y cortas; cola espesa, de tamaño mediano. De color blanco, negro, azul, rojo, crema y chocolate, siempre con un color en pelaje uniforme.

TIPS: Tranquilo y sociable, suele ser tolerante ante la presencia de niños pequeños, aunque no es muy juguetón con ellos. Es aconsejable para quienes buscan tener dos gatos, ya que no suele ser receloso de su espacio. Hacia los humanos se relaciona mejor con personas tranquilas y silenciosas.

♥ Foldex

RASGOS DE CARÁCTER: muy amable con otros seres vivos, aunque tímido y reservado, se estresa con mucha facilidad. Se muestra por momentos activo e independiente, y por momentos dependiente y calmado. Se relaciona bien con niños.

RASGOS FÍSICOS: cara ancha, ojos grandes de color amarillo o ámbar; orejas muy pequeñas y agachadas, lo que causa la impresión de ser un gato muy sumiso. Cuerpo robusto, cuello corto y ancho, patas anchas y cortas, pelaje corto y atigrado, normalmente bicolor.

TIPS: Sumamente curioso, despierto y activo. Tiene mucha energía y pasa mucho tiempo curioseando en su hogar. Es muy inteligente, noble, despierto y con una destacada capacidad para aprender rápidamente.Cariñosos con sus dueños. Hay que tener cuidado si se quiere procrear esta raza presentar frecuentemente malformaciones; lo ideal es evitar embarazos.

♥ Gato montés

RASGOS DE CARÁCTER: salvaje con temperamento independiente, huye ante la presencia de humanos; no le gusta ser observado, prefiere cazar en la noche por lo cual raramente es visto en estado silvestre. No apto como animal de compañía.

RASGOS FÍSICOS: orejas puntiagudas con manchas negras en las puntas; cuerpo beige o amarillo; pelaje corto o semilargo con motas negras en el cuerpo y en la punta de la cola. De cabeza y cuerpo de mayor tamaño que los de los gatos domésticos, puede pesar hasta siete kilos.

TIPS: Salvaje, solitario y esquivo. Si se siente amenazado, reacciona con agresividad, busca estar lo más alejado posible del ser humano.

❤ Habana

RASGOS DE CARÁCTER: requiere espacio para correr y estirar las patas; sumamente cariñoso con las personas con quienes convive, le gusta saltar por todos lados. Demandante a la hora de recibir cariño, busca caricias y afecto. Muy inteligente y veloz. No apto para niños pequeños.

RASGOS FÍSICOS: cuerpo esbelto, estatura mediana, cabeza larga, cara redonda, hocico pequeño, ojos amarillos; manto de pelo corto, de tonalidad que se difumina finamente entre color chocolate y avellana.

TIPS: Detesta la soledad, busca la compañía humana o de otros congéneres. Es juguetón, vivaz y muy curioso, por lo que suele explorar los clósets. Si no convive con niños se vuelve perezoso y poco activo. Al ser familiar del siamés, necesita mucho amor y puede resultar un tanto demandante de atención, incluso un poco mandón.

❤ Himalayo

RASGOS DE CARÁCTER: muy cariñoso y tranquilo, silencioso y hogareño, algo tímido, no acostumbra maullar. Se adapta a vivir en espacios reducidos. Sociable con niños y tolera vivir en departamentos. Apto para personas que buscan un animal silencioso o viven en lugares donde los vecinos se molestan con el ruido.

RASGOS FÍSICOS: como cruza de un gato persa con un siamés, tiene los colores clásicos del siamés con el pelaje largo y tupido del persa.

TIPS: Muy activo y juguetón, alegre, fiel a su humano. Requiere poco espacio, por lo que es muy adecuado para habitar en departamentos o espacios pequeños. Como su primo, el siamés, puede mostrarse celoso de su humano.

❤ *Khao Manee*

RASGOS DE CARÁCTER: de raza proveniente de Tailandia, maúlla mucho y es muy comunicativo con sus dueños, tanto en lenguaje verbal como no verbal. Sociable y afectuoso, enérgico y demandante de atención, por lo cual se recomienda para personas solitarias. Tiende a sentirse muy frustrado cuando debe compartir atención con niños o personas enfermas.

RASGOS FÍSICOS: cuerpo mediano, orejas largas pero no desproporcionadas, patas largas un poco anchas, nariz recta y pequeña. Tiene un ojo en tono azul o gris y el otro de color café, verde o amarillo. Existen pocos ejemplares.

TIPS: Muy parlanchín y un tanto teatral, busca llamar la atención todo el tiempo. Muy ruidoso, por lo cual no es adecuados para personas silenciosas. Se relaciona bien con niños y con adultos, busca frecuentemente el contacto humano, por lo que es adecuado para quienes trabajan en su hogar y quieran un gato meloso.

❤ Korat

RASGOS DE CARÁCTER: meloso, cariñoso, sociable, inquieto y muy juguetón, requiere un espacio mediano aunque puede adaptarse con ciertas reservas a un sitio pequeño. Sumamente territorial, no soporta niños ni otros animales en su entorno. Fuerte, dominante, testarudo y enérgico, convive bien sólo con adultos solitarios.

RASGOS FÍSICOS: muy parecido al azul ruso, hocico afilado, orejas largas, pómulos bien marcados, cuerpo regular azul con un brillo metalizado, cuerpo regular, patas ligeramente cortas, ojos verdes.

TIPS: Tranquilo y cariñoso, comunicativo. Sabe hacerse entender cuando desea algo específico. Le gusta permanecer sobre todo en interiores, por lo que es apto para un departamento.

❤ Leopardo

RASGOS DE CARÁCTER: solitario, requiere grandes espacios abiertos. No se lleva bien con los humanos y, si se le fuerza a convivir con ellos, puede tornarse muy agresivo; por tanto, no se recomienda tenerlo como gato doméstico, ya que no lo es y no responderá bien a un intento de domesticación.

RASGOS FÍSICOS: cuerpo más esbelto que un gato doméstico. Manto atigrado y pecho blanco, con patrones de puntos, rayas y manchas irregulares de gran tamaño.

TIPS: Tímido y solitario pero de temperamento fuerte; cuando se siente amenazado, puede atacar. Es conveniente estar lejos de él y de sus crías o madriguera, especialmente cuando está en celo, cuando tiene crías o cuando está comiendo.

♥ Lykoi

RASGOS DE CARÁCTER: sociable, juguetón y cariñoso, se muestra como si fuera doméstico; dulce, tolerante, reservado y atento a cualquier movimiento. Convive bien con los niños, con quienes suele ser muy tolerante.

RASGOS FÍSICOS: recuerda por su físico a un murciélago, pero en versión gato. Cuerpo parecido al del gato esfinge, también es conocido como gato lobo. Se sabe que su aspecto tan característico proviene de una mutación causada por una enfermedad.

TIPS: Muy inteligente y curioso, afable y cariñoso, dulce y estable. Un poco curioso y muy activo. Tiene desarrollado el instinto de caza y es muy travieso, aunque se muestra tímido y retraído ante la presencia de personas desconocidas.

♥ Manx

RASGOS DE CARÁCTER: tranquilo, dócil y moderado en sus actitudes, con gran sentido de adaptación. Es un cazador vigoroso y trae a su hogar los animales muertos que ha cazado; requiere espacio suficiente para la aventura y no le gustan los sitios cerrados.

RASGOS FÍSICOS: por una mutación genética perdió la cola, que parece amputada. Estatura mediana, cara redonda, hocico corto, ojos redondos, cuerpo alargado, pelaje multicolor blanco, gris, negro, amarillo.

TIPS: Es tranquilo y muy afectuoso. Equilibrado, se lleva bien con los niños. Es un gato de un único afecto, muy tolerante y suele evitar todo conflicto. Excelente cazador que mantendrá su hogar limpio de roedores.

♥ Mau egipcio

RASGOS DE CARÁCTER: independiente y demandante pero cariñoso; necesita toda la atención posible por parte de su dueño. Por lo general es tranquilo, dócil y muy tímido, le cuesta trabajo aceptar a personas y animales nuevos en su entorno.

RASGOS FÍSICOS: pelaje corto y oscuro con manto interior claro; de talla mediana, cuerpo y patas pequeñas y delicadas; grandes ojos rasgados de color verde claro o ámbar.

TIPS: Curioso, algo tímido, inteligente, calmado y muy solitario. No le gusta el exceso de atención; es el gato ideal para personas que pasan largo tiempo en soledad.

♥ Mist australiano

RASGOS DE CARÁCTER: pacífico y tolerante al contacto y la manipulación del humano; adaptable, de carácter tranquilo y dócil, responde bien a la presencia de niños.

RASGOS FÍSICOS: cuerpo mediano, cabeza redonda, ojos grandes y redondos, orejas cortas y puntiagudas, pelo corto y pardo rojizo.

TIPS: Muy tolerante, se encuentra bien en espacios pequeños. No suele ser ansioso ni arisco, sino juguetón y afable. Gusta de estar en compañía de las personas que lo rodean.

♥ Munchkin

RASGOS DE CARÁCTER: noble, cariñoso, alegre y juguetón; necesita que los humanos juegue con él, incentivando así su actividad cerebral. Tiende a comportarse como cachorro a lo largo de su vida. Se lleva bien con niños.

RASGOS FÍSICOS: cuerpo musculoso pero pequeño, patas robustas y sumamente cortas, ligeramente más largas las traseras que las delanteras.

TIPS: Noble y cariñoso, juguetón y alegre. Es muy vital y tiene muchísima energía, por lo que se relaciona muy bien con los niños. Justo por esa energía no es apto para personas muy tranquilas.

♥ Nebelung

RASGOS DE CARÁCTER: caprichoso, temperamental, no se relaciona bien con los niños y puede tender a ser agresivo con ellos. Sumamente inteligente, aprende con facilidad a abrir puertas cuando estas no tienen cerrojo.

RASGOS FÍSICOS: ojos verdes almendrados, cola espesa, cuerpo regular y pelaje muy largo y espeso.

TIPS: Muy caprichoso y de carácter irritable. No convive bien con niños, se relaciona mejor con adultos. Suele escapar de su hogar por su inigualable habilidad para abrir cerrojos de puertas y ventanas. Gusta de tomar agua corriente de la llave, por lo que podría accidentalmente causar fugas si aprende a abrir el grifo.

♥ Ocicat

RASGOS DE CARÁCTER: muy activo, inteligente y juguetón. Sociable y cariñoso con las personas con quienes convive; se relaciona bien con los niños pequeños, que tienen tanta energía como él para jugar.

RASGOS FÍSICOS: cuerpo mediano y de complexión musculosa, cabeza un poco triangular, hocico ancho y nariz prominente. Rostro con buena proporción entre el tamaño de sus orejas, sus ojos y su hocico.

TIPS: Sociable y afectuoso, se relaciona bien tanto con humanos como con otros gatos. Muy inteligente y vivaz, es cariñoso con su familia humana. Necesita mucho ejercicio.

♥ Oriental

RASGOS DE CARÁCTER: dócil y estable, requiere gran estabilidad; quisquilloso cuando se le cambia la zona de sus alimentos o de su arenero. Expresivo en lo verbal y lo emocional; crea vínculos muy sólidos con las personas que él elige. Meloso, hay que dedicarle mucho tiempo. Se adapta bien a vivir en interiores y en exteriores. Tolerante y afectuoso con los niños.

RASGOS FÍSICOS: de manto grisáceo, cuerpo delgado, estatura media y figura muy esbelta. Cuello largo y delgado, hocico angosto con nariz recta y larga, orejas grandes pero no desproporcionadas, ojos grandes y en forma almendrada, pelaje corto. De color gris carbón, atigrado tabby y bicolor.

TIPS: Muy cariñoso y parlanchín. Una de sus características son sus prominentes orejas. Él suele marcar los momentos de interacción con su humano. No apto para personas muy silenciosas, a quienes podría irritar la gran cantidad y la constancia de los sonidos que emite.

♥ Oriental de pelo corto
Mismas características que el oriental.

TIPS: Muy extrovertido, se relaciona bien con propios y extraños, es afable y confiable, con gran agilidad. Se trata de un gato sensible, por lo que es importante no herir sus sentimientos.

♥ Persa

RASGOS DE CARÁCTER: testarudo, de carácter firme, algo reservado y solitario. De poca actividad física, sumamente tranquilo, apto sólo para personas de edad avanzada o adultos sin mayor actividad. Muy independiente, lo cual puede frustrar a quien busque un felino más mimoso y apegado al contacto humano, en cuyo caso esta raza no es la indicada.

RASGOS FÍSICOS: cara chata, hocico corto y nariz pequeña; orejas puntiagudas y muy pequeñas; cuerpo musculoso; pelo largo y espeso; patas cortas y gruesas; colores blanco, amarillo, gris, manteca, bicolor o negro.

TIPS: Sociable y tranquilo, convive bien con miembros de su familia y con animales. Se trata de un gato muy tolerante con otros gatos, no se suele meterse en líos. Por otra parte, es dormilón y le agrada tener momentos de soledad.

♥ Pescador

RASGOS DE CARÁCTER: felino salvaje que, como su nombre indica, se alimenta de la pesca; se encuentra en grave peligro de extinción y es considerado el más pequeño de los felinos salvajes que existen. Solitario, inteligente, escurridizo.

RASGOS FÍSICOS: cara muy parecida a la del leopardo, pelaje corto con algunos pelos largos. Manto atigrado en colores gris con marrón.

TIPS: Gato salvaje muy tímido, evita todo contacto con los humanos. Difícil de encontrar en estado salvaje. Es preferible mantenerse alejado de él pues, si se siente en peligro, puede ser muy agresivo.

♥ Peterbald

RASGOS DE CARÁCTER: sociable, afectuoso y tranquilo, pero sumamente demandante de tiempo y afecto por parte de la persona con quien convive. Se lleva bien con otros animales, pues no es territorial.

RASGOS FÍSICOS: carece de pelo, es delicado y debe mantenerse en interiores. Cuerpo esbelto, orejas muy largas y piel entre rosácea y grisácea. Ojos ligeramente rasgados, nariz larga y delgada, cuello largo.

TIPS: Muy delicado, tranquilo, afectuoso y sociable, busca mimos y caricias. Suele ser muy próximo a sus dueños, muy inteligente y evita tener problemas con otros animales. Es afable y tierno.

❤ Pixie Bob

RASGOS DE CARÁCTER: sociable y cariñoso, curioso y aventurero, por lo general se mete en problemas por su innata curiosidad. Se muestra tímido mientras no desarrolle confianza con las personas. Comunicativo y tranquilo, se lleva bien con los niños, aunque puede esconderse de ellos cuando se llega a sentirse agobiado por tanta derrama energética de parte de estos.

RASGOS FÍSICOS: cola corta, manto ligeramente atigrado pero desdibujado, orejas triangulares y puntiagudas; nariz ancha, recta y chata; hocico chato y pequeño, patas son ligeramente cortas, de color beige con manchas negras y aspecto salvaje que recuerda a un gato montés.

TIPS: Delicado, tolerante con niños y con adultos mayores, necesita mucho tiempo y atención. Muy amoroso, ayuda muchísimo a las personas que tienen heridas emocionales o carencias afectivas. Busca proximidad y no funciona bien si debe permanecer muchas horas en soledad.

❤ Salvaje africano

RASGOS DE CARÁCTER: afable y muy activo durante la noche, un tanto pasivo en el día. Suele ser muy territorial por lo que no se relaciona bien con otros individuos ni animales. Puede reaccionar de forma agresiva si se siente amenazados en su territorio. Necesita personas capaces de dedicarle mucho tiempo y sentir que es la prioridad para su familia humana; de lo contrario, puede volverse muy irritable. Se aconseja para personas que trabajen desde su casa.

RASGOS FÍSICOS: de aspecto salvaje, cuerpo robusto y musculoso, color atigrado, cabeza mediana, orejas y ojos medianos, patas ligeramente cortas color canela, ojos pequeños. Su cara recuerda vagamente a la de un puma y su pelaje es muy espeso.

TIPS: Un poco tímido, curioso, inteligente, excelente cazador. Se trata de un gato salvaje de patas ligeramente largas en relación con las de un gato doméstico, gran corredor, animal nocturno, alegre, rápido y muy ágil, sigiloso y protector de su familia. Requiere actividad física constante para funcionar en un hogar entre humanos.

♥ *Savannah*

RASGOS DE CARÁCTER: sociable y abierto en el trato, incluso con desconocidos. Curioso, un poco impositivo y caprichoso, pero muy dulce con sus humanos. Necesita mucho espacio para sentirse cómodo y poder correr. Al ser un gato grande y muy curioso, hay que tener cuidado y reforzar puertas.

RASGOS FÍSICOS: es cruce de un gato doméstico con un serval africano, y conserva las orejas de este, con dos franjas negras características de esta raza, hacia los lados y no hacia el frente como ocurre con los demás felinos. Hocico largo y afilado, nariz pequeña, larga y recta; ojos color marrón o verdoso un poco almendrados, de tamaño mediano. Cuerpo atigrado, más alto y grande que el resto de los felinos domésticos.

TIPS: Este gato no es recomendable para quien no ha tenido relación con felinos anteriormente.. De carácter fuerte, dominante, hiperactivo y con gran fuerza muscular, conserva su temperamento salvaje y nunca se termina de domesticar del todo. Sólo una persona muy fuerte, amorosa y paciente podría aplacar a este testarudo y curioso felino. No funciona bien con niños pequeños.

♥ Scottish Fold

RASGOS DE CARÁCTER: nervioso, se estresa con facilidad, dócil y cariñoso. Se lleva muy bien con niños pequeños, tolera en su espacio a otros gatos y otros animales como perros. Un poco perezoso, necesita espacio para estirar las patas, puede ser suficiente un pequeño jardín.

RASGOS FÍSICOS: cuerpo mediano y robusto, orejas muy pequeñas y caídas hacia la cara, cabeza ligeramente grande en proporción al cuerpo, ojos grandes y redondos, cara chata; nariz ancha, regular y corta; patas de tamaño normal, un poco gruesas. Pueden distintos colores.

TIPS: Muy simpático e inteligente, discreto y poco problemático, muy afectuoso con su familia, de carácter tranquilo y reflexivo. Se adapta bien a espacios pequeños, le gusta la compañía de sus humanos y se recomienda para personas pasivas, ya que no suele ser insistente cuando no recibe atención. No obstante, agradece las caricias y la proximidad.

♥ Seychellois

RASGOS DE CARÁCTER: muy divertido y juguetón, requiere mucha actividad diaria para no sentirse frustrado ni deprimido. Amistoso y travieso, demuestra con facilidad su entrega y su amor felino. No obstante, al ser un gato de carácter, necesita mucha disciplina; de lo contrario, será él quien dicte las leyes a seguir en el hogar.

RASGOS FÍSICOS: de tamaño medio, cuerpo delgado y esbelto, pelaje corto, orejas muy grandes y triangulares que sobresalen desproporcionadamente sobre su cabeza; ojos oblicuos y azules. Presenta una mancha oscura color café de forma triangular sobre la zona de la nariz; nariz larga, recta y delgada; hocico largo y muy delgado de aspecto refinado; color blanco con manchas cafés o manteca con manchas cafés.

TIPS: Muy alegre y juguetón, amoroso y protector. Travieso y sumamente activo, necesita una familia con una gran dosis de energía y cierto rigor para no volverse problemático por exceso de energía, lo cual ocurre cuando no se ejercita lo suficiente diariamente. Requiere espacios grandes para sentirse cómodo.

♥ *Siamés*

RASGOS DE CARÁCTER: tímido, territorial, muy inteligente y demandante, con expresiones teatrales en su conducta hacia quien tiene su afecto. Puede ser muy rígido en cuanto a su necesidad de estar muy cerca de la persona a quien elija como su compañero de vida. Para él, la relación entre gato y humano debe ser una fusión de almas; por eso no soporta estar mucho tiempo solo, tanto en el día a día como durante las vacaciones.

RASGOS FÍSICOS: pelo corto, manto color café oscuro presente en cara, orejas y cola; cuerpo color manteca y ojos azules.

TIPS: Sumamente cariñoso, un poco mandón, de carácter fuerte y gran lealtad, multifacético, por lo que tendrás la sensación de no conocerlo realmente. Es un felino de un solo dueño, amoroso con quien él quiere y puede ser muy celoso de su humano.

♥ Siamés moderno

RASGOS DE CARÁCTER: decidido e intrépido, inteligente, de espíritu libre, activo, con necesidad de espacio y privacidad. Muy comunicativo, maneja más tipos de vocalizaciones que el resto de los gatos. Sumamente demandante de afecto y cariñoso. Adaptable y fácil para socializar.

RASGOS FÍSICOS: tiene una mancha triangular desde la frente hacia la nariz chata y ancha; pelaje de color manteca casi rayando en blanco; grandes orejas de color café; ojos grandes y azules; hocico alargado y delgado.

TIPS: Sumamente cariñoso, un poco mandón, de carácter fuerte y gran lealtad, multifacético. Es bastante territorialista y temperamental.

♥ Siamés tradicional

RASGOS DE CARÁCTER: temperamental, amoroso, leal, caprichoso, inteligente, tranquilo, pero con momentos en los que se muestra muy juguetón y curioso.

RASGOS FÍSICOS: cara achatada, boca pequeña, nariz chica; ojos grandes, almendrados y azules; orejas son ligeramente cortas. De manto bicolor, con patas, orejas y rostro color café con tonalidades desde sepia hasta chocolate; cola y patas color café; cuerpo delgado.

TIPS: Es muy similar al siamés moderno, con la diferencia de que el tradicional es más tranquilo y menos terrotarialista. Su carácter es muy dulce.

♥ *Siberiano*

RASGOS DE CARÁCTER: cariñoso y tranquilo, pero de carácter firme, no se deja dominar; terco, curioso y protector. Necesita espacio verde para estirar las patas; excelente cazador, muy meticuloso al perseguir a su presa. Convive bien con niños no tan pequeños.

RASGOS FÍSICOS: cuerpo grande y robusto; pelaje medianamente largo color o chocolate, canela o fawn; bigotes muy largos; orejas anchas y medianas; cara regular con ojos grandes y redondos; nariz corta, ancha y recta; hocico pequeño.

TIPS: Excelente cazador que mantendrá a raya a los ratones y demás roedores de su hogar. Muy dócil, amoroso y amable con los niños. Es muy leal hacia sus humanos, siempre buscará estar cerca de su familia.

♥ *Snowshoe*

RASGOS DE CARÁCTER: cariñoso y sociable; un poco tímido, al principio necesita tiempo y mucha paciencia para adaptarse a los cambios y a las personas nuevas. Muy comprensivo, inteligente y obediente, entiende bien las instrucciones y aprende con rapidez.

RASGOS FÍSICOS: cuerpo mediano a pequeño, robusto y de patas ligeramente cortas; tricolor con zonas marrones, beige y blancas; nariz recta, ancha y corta; ojos azules; el manto en la mayor parte de su cuerpo es difuminado de café oscuro hasta llegar a beige.

TIPS: Sumamente tímido delante de desconocidos, muy amoroso con sus humanos. Le agradan tanto los espacios cerrados como al aire libre, y es muy tolerante con perros y otros animales. Juguetón, activo y necesita vínculos muy estrechos con sus dueños, puede ser un tanto meloso.

• Somalí

RASGOS DE CARÁCTER: alegre y extrovertido. Necesita mucho espacio para correr y un jardín con árboles para poder trepar y afilar sus uñas. No se adapta bien a climas fríos. Gran cazador, puede llevar presas a la puerta o al interior de la casa, lo cual resulta desagradable para muchas personas.

RASGOS FÍSICOS: cuerpo mediano y rojizo que recuerda al del zorro; pelaje espeso, de variedades salvaje, azul, sorrel, fawn y plata; hocico ligeramente chato; nariz pequeña, corta y recta; patas gruesas, robustas y ligeramente cortas.

TIPS: Extrovertido, muy juguetón. Ama trepar mucho más que otras razas, adaptable a lugares estrechos, aunque mayormente le gustan los espacios al aire libre. Muy friolento, la pasa mal en climas fríos.

• Spanglés de California

RASGOS DE CARÁCTER: muy sociable y afectuoso, tiene gran inteligencia y curiosidad; necesita espacios donde depositar su atención y poder distraerse.

RASGOS FÍSICOS: la estructura ósea de su cráneo es muy similar a la de una pantera, pero de tamaño pequeño. Pelaje moteado con zonas atigradas; cuerpo mediano de aspecto salvaje, esbelto y bien proporcionado; ojos grandes, pómulos marcados; orejas medianas; nariz recta, delgada y pequeña y bigotes regulares.

TIPS: Cariñoso, inteligente y de buen carácter, adaptable y muy curioso, alegre y divertido. Sin embargo, es un gato muy determinado, lo cual puede hacerlo parecer caprichoso.

• Sphynx o esfinge

RASGOS DE CARÁCTER: enérgico, cariñoso con sus humanos. Curioso y sociable, demandante de atención; tranquilo e

inteligente. No se recomienda hacerlo enojar, ya que sacará a relucir su fuerte temperamento. Por lo mismo, es mejor que conviva con adultos.

RASGOS FÍSICOS: pelón, con piel ligeramente arrugada en torno a las patas. Cuerpo delgado, patas largas, cola larga y delgada, ojos grandes y redondos, y enormes orejas muy desproporcionadas para el tamaño de su cara.

TIPS: Tranquilo y cariñoso, necesita sentirse mimado constantemente. Al ser un tanto inseguro, requiere caricias con mucha frecuencia. No le gusta la soledad, ante la cual se vuelve irritable y malhumorado. Acepta niños, perros y otros gatos en su hogar, pues no es de espíritu territorial.

♥ Ragamuffin

RASGOS DE CARÁCTER: dulce, sumamente dócil, al punto en que difícilmente podría sobrevivir si se pierde en el exterior; lo mejor es tenerlo siempre sólo en interiores. Nada tímido, se relaciona bien tanto con personas conocidas como con desconocidas. Tiene buena salud, con un organismo fuerte, aunque hay que cuidar el sobrepeso producto de su glotonería.

TIPS: Muy adaptable ante cambios constantes e incluso bruscos. Es el gato ideal para personas que cambian de casa o de ciudad constantemente; no le gusta ser cargado e incluso se irrita si lo hacen. Se adapta bien a espacios pequeños.

❤ Ragdoll

RASGOS DE CARÁCTER: sumamente sociable, tranquilo y tolerante con los niños más pequeños; acepta muy bien la manipulación humana, incluso puede pasar largas horas cargado sin mostrar signos de estrés o malhumor. Dócil, pocas veces expresará un carácter malhumorado. Gusta de mirar el paisaje, por lo que requiere estar cerca de balcones y ventanas.

RASGOS FÍSICOS: de mediana estatura, cara ligeramente achatada, cachetes prominentes, hocico pequeño, nariz recta y corta. Pelaje ligeramente largo y tupido espeso en la cola; emparentado con el siamés, muestra similitudes en el patrón del color con este, presentando en el rostro tonalidades cafés con blanco y beige.

TIPS: Muy dócil y fiel compañero, muy sociable aún con extraños, suele acudir a dar la bienvenida a su humano cuando este llega al hogar. Alegre y de buen temperamento. No le gusta saltar.

❤ Tigre o toyger

Rasgos de carácter: activo, juguetón, curioso. Algo temperamental e independiente, sabe demostrar su afecto y comunicarse verbalmente con los humanos con quienes vive. Requiere un jardín mediano para mover las patas y contemplar la vida desde el césped.

RASGOS FÍSICOS: de cuerpo mediano, rayas largas y tupidas que simulan el patrón de la piel de los tigres, con fondo canela y rayas muy claras en negro o café. Ojos verdes, redondos y grandes; de hocico largo y pequeño; nariz regular, delgada y corta; orejas grandes y triangulares; patas delgadas pero firmes.

TIPS: Recuerda a los tigres por su manto rayado. Ama nadar y disfruta particularmente el contacto con el agua. De carácter activo y curioso, se adapta con facilidad a la vida en las ciudades y en entornos ruidosos. Necesita mucho entrenamiento físico para no caer en el aburrimiento o en estado de ansiedad. Inteligente y amoroso con sus dueños.

❥ Turco Van

RASGOS DE CARÁCTER: afectuoso, amable, juguetón; es fácil enseñarle trucos como si se tratara de un canino. Se lleva bien con niños. Muy limpio, pasa horas acicalándose, rutina que realiza con ahínco.

RASGOS FÍSICOS: ojos azules o color ámbar. Su pelo es mixto, ligeramente más largo y espeso en unas zonas y más corto en otras; blanco con manchas en color atigrado negro o café. Corpulento, de estatura media y cuello corto y grueso.

TIPS: Muy dócil, aunque puede presentar destellos temperamentales. Le gusta el agua y es muy tolerante para compartir su espacio con niños y otros animales.

❥ York chocolate

RASGOS DE CARÁCTER: activo, cariñoso, de carácter tranquilo y afable. Disfruta mucho el contacto y la atención de sus humanos con quienes se comunica y puede pasar horas entre los brazos sin exasperarse. Por lo general es muy enérgico a la hora de exigir atención y se para sobre la computadora, el periódico, el teléfono o cualquier objeto que considere que le está restando atención de parte de su familia humana.

RASGOS FÍSICOS: bicolor, manto color chocolate; de estatura mediana con hocico ligeramente redondeado. Orejas largas y ligeramente peludas, nariz regular y recta. Ojos amarillos y bigotes extremadamente largos.

TIPS: De carácter voluble, inteligente y un poco perezoso, muy inteligente y fiel a su familia, sabe ser necio cuando quiere. Y aunque suele ser muy tranquilo, puede tornarse irritable si se le cambian sus patrones de alimentación o si se le mueve su cama o sus cobertores.

Gatos que no se recomienda domesticar

Todos los gatos siguientes son animales ferales y salvajes que podrían generar conflictos y ataques al intentar domesticarlos.

Bengala

Presente en Mongolia, Filipinas y Pakistán. Excelente nadador, pescador y cazador. Este gato se ha cruzado con el gato doméstico común, cruza de la que surge el gato bengalí.

Caracal

Pariente del serval y no del lince. Presenta orejas muy grandes, se aleja del ser humano. Excelente cazador. Se distingue por tener largo pelaje en las puntas de las orejas.

Chino del desierto

Una subespecie del gato montés, presenta un cuerpo muy similar al del gato doméstico. Presente en Mongolia y China.

De las arenas

Animal nocturno, muy tímido y receloso ante la presencia del hombre, con quien difícilmente interactúa por tratarse de un animal que se desplaza de noche.

Dorado africano

Bastante desconocido por ser extremadamente escurridizo. Se sabe poco de sus hábitos y costumbres cotidianos. De aspecto similar al gato doméstico, pero con un cuerpo más robusto.

♥ Dorado asiático

Presente en Sumatra, India y China. Es un gato muy inteligente y sumamente astuto. Suele habitar en selvas, pero se le puede encontrar también en territorios abiertos.

♥ Leopardo

Gran felino sigiloso y solitario de extremada belleza, suele vivir en terrenos muy escarpados donde se esconde del ser humano. Por desgracia, se encuentra en inminente peligro de extinción, sobre todo el leopardo de las nieves. Muy buscado en el mercado negro por su pelaje.

♥ Lince

Felino de gran tamaño que se encuentra en grave peligro de extinción debido a la caza furtiva con fines de peletería.

♥ Manul o gato de Pallas

Presente en las regiones de Mongolia, Siberia y Tíbet. Su hábitat se sitúa en las alturas de las montañas hasta los 5000 metros. Se trata de un felino muy fuerte que está bien adaptado para soportar temperaturas muy bajas. Suele ser diurno y se alimenta de diferentes roedores.

♥ Montés

En el pasado estaba a punto de llegar a la extinción; afortunadamente, sus colonias comienzan a recuperarse en diferentes países.

♥ Patinegro

Suele pasar la mayor parte del tiempo resguardado dentro de su madriguera, ya que vive en un clima muy extremo y caluroso. Un tanto tímido, pero muy hábil cuando sale a cazar por las noches.

❤ Salvaje africano

En algunos casos se ha logrado domesticarlo, aunque no es recomendable por su temperamento salvaje que puede detonar en cualquier momento. Es exitosa la introducción de gatos cruzados de un gato salvaje con un gato doméstico en el hogar.

❤ Serval

Excelente corredor, logra desplazarse por grandes distancias con relativa facilidad. Se alimenta de pájaros, los cuales puede cazar en pleno vuelo. Igualmente, está capacitado para capturar roedores. Se considera un excelente saltador.

**Purifca tu hogar
y tu campo áurico
con energía felina**

No temas a lo desconocido,
teme a lo que aceptas en imperfección.

 capítulo 10

Las energías están presentes en todos lados: en tu cuerpo, en tu mente, en tus emociones, en los objetos, en los vehículos, en las oficinas y en el hogar. No es de extrañar que en la vida cotidiana, al estar expuestas a ellas, terminemos por contaminarnos de un modo intangible. Pues bien, la contaminación de este tipo puede provocar pleitos, separaciones, enfermedades y bloqueos energéticos que afectan la entrada de dinero o de oportunidades a nuestra vida. En este capítulo Mishka nos enseña cómo los felinos detectan estas energías residuales, así como las enfermedades en los humanos, y cómo, desde sus poderes psíquicos, los combaten y purifican tanto nuestro campo energético como nuestro hogar.

Nos habla Mishka:

Los gatitos somos animales con un agudo sentido de recepción y decodificación de las vibraciones muy superior al presente en el ser humano. Esto es resultado de nuestra estructura morfológica. Contamos con un sistema nervioso muy desarrollado que se sitúa sobre todo el cuerpo, y nuestros capilares son los primeros decodificadores que tenemos para detectar la mínima alteración energética presente en una persona o en un lugar. En función de qué señal sea la predominante, responderemos de un modo o de otro.

Así, nuestro sistema nervioso cuenta con un delicado mecanismo de detección de todo tipo de vibraciones, a las cuales respondemos con gran precisión. Es por ello que somos animales muy inquietos, que requerimos de un contacto delicado por parte de nuestros humanos cuando nos tocan o nos hablan.

Somos seres muy conectados al mundo energético, donde aquello que para ustedes resulta intangible, para nosotros cobra vida: solemos ver fantasmas, ángeles, arcángeles y también contemplar seres energéticos de otro tiempo. Además, sabemos de algún evento natural peligroso antes de que ocurra.

En el hogar de los humanos que nos han ofrecido cobijo, generamos patrones luminosos que son como redes energéticas de una vibración muy alta. Con ellas atrapamos las energías densas para liberar sus casas y sus cuerpos de esta densidad que se puede acumular tras pleitos, duelos, odios, desamor, tristezas prolongadas, pensamientos negativos, o incluso, asesinatos ocurridos en ese lugar.

No obstante, aunque nuestras capacidades energéticas nos permiten hacer grandes cosas, cuando se trata de una familia numerosa, o bien, de una casa muy grande en dimensiones, es necesario adoptar al menos tres felinos pues la carga de limpieza energética diaria será muy pesada para uno solo de nosotros.

Durante nuestros paseos por el exterior, el contacto con el césped, o bien, con árboles, nos permite descargar los residuos energéticos que previamente atrapamos de ustedes mismos y de sus hogares, para expulsarlos y mantener así un ambiente limpio y agradable en el hogar. Sin embargo, al existir tantos peligros que nos acechan en el exterior, resulta vital tener acceso a un jardín propio privado, o bien, si no es posible que nos faciliten un sitio con césped propio, a una sesión diaria de limpieza energética con cuarzos para ayudarnos a depurar estas energías.

Nuestra misión de limpieza del campo áurico y de los cuerpos energéticos del ser humano la efectuamos mediante el contacto directo. Nos situamos sobre su cuerpo y al hacerlo absorbemos controladamente toda energía errada presente en él o ella. Las caricias a nuestro peludo manto lo limpian y restablecen los niveles óptimos de energía en el campo áurico, en los siete cuerpos, en el campo de resonancia mental y emocional propios de ambos órganos.

De este modo, cada día que compartan su hogar y bondades con nosotros, sin darse cuenta les estaremos ofreciendo un servicio constante, para establecer una relación ganar-ganar en la que ambos seres nos vemos beneficiados al convivir en el mismo hogar.

¿Qué problemas de salud podemos resolver en el cuerpo humano?

◉ Alergias

Algunos detractores de nuestra especie nos consideran un peligro inminente para personas que padecen algún tipo de alergia. No obstante, nosotros somos un manantial de luz y de sanación constante hacia este tipo de personas, quienes, al convivir con nosotros, o bien, con nuestros primos caninos, se ven obligadas a subir su sistema inmunológico. Y es que el organismo humano detecta diferentes condiciones ambientales más complejas y más amplias cuando conviven con animales que cuando no lo hacen. Así se agrava la respuesta inmunológica de los humanos que no han convivido con animales, respecto de la de quienes sí lo han hecho.

Las siguientes son algunas diferencias en la respuesta del organismo de los humanos que no tienen animales en comparación con aquellos que sí tienen.

• *Humanos sin animales*

- Deficiencia inmunológica ante virus, parásitos y bacterias

- Tiempo de respuesta más lento para detectar, clasificar y combatir virus, bacterias y parásitos en su organismo

- Respuesta física más extrema ante el consumo de medicamentos, pudiendo presentarse crisis severas por falta de anticuerpos en su organismo para combatir virus, bacterias y parásitos de una gama más extensa

- Curvas más prolongadas en caso de enfermedad antes de alcanzar la recuperación

- Estados de ánimos que redundan en depresión y negatividad ante la enfermedad

• *Humanos con animales*

- Disminución paulatina de las alergias

- Mayor respuesta y en menor tiempo a virus, bacterias y parásitos presentes en el organismo

- Mayor resistencia inmunitaria ante las enfermedades

- Curvas de recuperación más cortas ante enfermedades

- Estados de ánimo más positivos frente a la enfermedad

● Angustia

Se trata de un problema de tipo emocional que nosotros ayudamos a combatir de forma constante gracias a nuestro ronroneo; así facilitamos la relajación del cuerpo logrando aminorar eficazmente los estados de angustia en el ser humano. ¿De qué manera? Mediante un proceso telepático que efectuamos cuando el humano nos mira fijamente a los ojos y mantenemos nuestra mirada sobre la suya. Con ello logramos llevar su cuerpo, así como sus emociones y su campo energético, a un estado de bienestar. Este efecto será ocasional cuando un humano en estado de angustia se encuentre de visita en nuestro hogar y permanente cuando compartamos el mismo hogar. En este último caso, el humano más próximo a nosotros emocionalmente será el principal beneficiado del complejo y sutil mecanismo de sanación energética que ofrecemos a la humanidad.

● Cáncer

En etapa temprana, cuando las células apenas comienzan a mostrar los primeros signos de mal funcionamiento. Esta enfermedad la detectamos por alteraciones muy marcadas y repentinas del pH en la persona, quien empieza a emanar un desagradable y penetrante olor a huevo podrido. También la identificamos al lamer su piel, por el sabor que se torna amargo. Emitimos ondas energéticas que ayudan a disminuir el dolor físico, refuerzan el sistema inmunológico del ser humano cuando este convive diariamente con un felino.

● Estrés

Para nosotros es muy sencillo solucionar estados de estrés. Basta que el humano acaricie nuestro pelaje, lo que facilita la producción de feromonas en ese ser que está en contacto con nosotros, y supone una mejora significativa en el proceso de sanación de estados de estrés. Recomiendo que nos acaricien al menos 20 minutos al día para liberarse de estados de estrés.

● Leucemia

En etapa temprana, cuando comienzan a bajar los niveles de glóbulos rojos, la emanación energética disminuye y detectamos un cambio en la temperatura de la sangre, mismo que resultaría indetectable para un ser humano. Igualmente, el campo energético de la persona palidece y se hace más denso, presentando fugas energéticas múltiples, sobre todo en las zonas donde se encuentran las arterias. Generamos endorfinas en el organismo del enfermo que inducen el sueño, lo que permite a su organismo recuperar fuerzas y elevar su sistema inmunológico. En etapa temprana, le avisamos que algo en su organismo no está bien al frotarnos, oler o arañar constantemente el mismo punto de su cuerpo, mientras que con personas sanas no hacemos lo mismo.

● Miedo

A pesar de contar con múltiples herramientas internas y energéticas para autorregular sus emociones, por lo general el ser humano no sabe que las posee. Por nuestra parte, los felinos somos conscientes de todos los cambios por los que nuestro organismo atraviesa incluso semanas antes de que estos se manifiesten en nuestro cuerpo físico. Sabemos cuándo se gestan las divisiones celulares desde la concepción y, ya con dos meses de antelación, nuestro desenlace final. Así, comenzamos un periodo de desprendimiento emocional y espera silenciosa, en el cual nos despegamos de nuestras emociones y paulatinamente nos deslindamos de los procesos alimenticios y las aproximaciones emocionales, para desembocar en una etapa previa de desapego y evitar más dolor a nuestros humanos.

Nos resulta sencillo combatir el miedo propio y el de los seres humanos que habitan en nuestro entorno, pero siempre podremos efectuar una mejor depuración de esta emoción de baja frecuencia si esos humanos sostienen una relación de amor y respeto hacia nosotros. ¿Por qué? Porque combatimos su miedo construyendo puentes energéticos entre sus emociones, trasladándolas a nuestro campo electromagnético para desde allí depurarlas y devolvérselas entrando en contacto visual y táctil con nuestro ser. Si esta estrecha correlación no existe, no podremos efectuar la depuración con eficiencia. Cuando el ser humano expresa miedo, tras pocas interacciones, podemos comenzar a depurar el organismo de emociones tóxicas hasta purificar su campo energético envolviéndolo en un contexto de amor y sanación. Si el humano pasó años envuelto en dolor y miedo, es necesario interactuar con él de forma permanente. Se aconseja la presencia de tres gatos en el hogar para poder efectuar este trabajo eficazmente sin terminar enfermando o pereciendo por el gran esfuerzo energético que esto supone para un solo gatito. Los felinos somos capaces de erradicar el miedo y de infundir una sensación de bienestar producto de tres elementos determinantes que generamos en nuestro humano:

- Dopamina

- Desaceleración cardiaca y relajación por contacto

- Sensación de protección y de seguridad ante el miedo gracias a descargas energéticas invisibles que nuestro cerebro emana y que viajan hasta entrar en contacto con las ondas electromagnéticas del cerebro del humano que siente miedo

◉ Problemas de corazón

Podemos ayudar a sanarlos, bien sea cuando detonan, debido a un estado emocional vivido poco tiempo atrás, o cuando provienen de antaño. Pero para ello debemos vivir muy próximos al humano que requiere esta sanación. Sentimos las emociones alteradas que causan desequilibrio en el sistema inmunológico del ser humano, mismo que nos da la pauta de la afectación de su proceso emocional. En este caso pasaremos largas horas acompañándolo, estando muy próximos a él o ella, o bien, depositando nuestro cuerpo sobre su pecho, corazón o plexo solar. Si se trata de pensamientos contaminados, nos depositaremos en su cabeza.

¿Cómo saben los gatos cuando un cuerpo humano está enfermo?

El organismo siempre ofrece signos previos que brindan información respecto a la enfermedad que padece un ser, la cual resulta difícil de decodificar para un humano, pero no para un felino. Esa información, de carácter energético, emocional y físico, nos permite identificar sus diferentes padecimientos.

● Síntomas que nos sirven como guía

- Cambios en la temperatura corporal

- Modificación de los aromas corporales por alteración del pH

- Fractura de campo áurico

- Mal funcionamiento de chakras

- Fugas energéticas

- Alteración subconsciente del lenguaje no verbal

- Alteración del lenguaje verbal y del tono de voz

- Entidades energéticas que rondan frecuentemente en los seres humanos de baja vibración, y seres de luz que acompañan de cerca a los de alta vibración

- Cambios en el color del campo áurico, que pasan de los tonos brillantes y de gran extensión a tonos muy opacos de muy pocos centímetros en distancia

Respecto a los cambios en el color y la intensidad de brillo en el campo áurico, los humanos enfermos muestran un campo áurico opaco con manchas marrones, negras y grises aunadas a una energía desequilibrada que no fluye de modo regular en todos los meridianos del cuerpo físico.

A diferencia del campo áurico brillante y de coloraciones intensas que se expresan en colores blanco radiante, azul claro, azul marino, violeta, rosa, amarillo que se muestran en torno a todo su ser físico cuando goza de perfecta salud.

● Cuadro de enfermedades y cómo las detectamos en los humanos

♥ Alzheimer
Disminución progresiva de información telepática y electromagnética que presenta intervalos de caídas abruptas en su etapa inicial con intervalos de aparentes mejorías.

♥ Anemia
La emanación energética del campo áurico se reduce, compactándolo a tan sólo escasos centímetros del cuerpo físico.

♥ Anorexia
Cambios en el aroma corporal emanando un ligero olor a cítricos en proceso de descomposición.

♥ Apendicitis
Energéticamente, desde la dermis aparece un color verdoso similar al del musgo.

♥ Aplasia medular
El chakra del tercer ojo reduce significativamente su tamaño

en términos energéticos y aparece un olor a tierra imperceptible para los humanos, pero no para los felinos.

♥ Asma

Aparecen manchas amarillentas en el campo áurico en la zona
del pecho y de los pulmones.

♥ Cáncer

En su primera etapa, el pH se hace más penetrante, es decir,
el olor corporal se incrementa; en su segunda etapa, el cuerpo desprende un olor penetrante y desagradable, asociado a
pescado podrido.

♥ Fibrosis quística

La coloratura energética de los glóbulos blancos se altera,
adquiriendo un tono verdoso con puntos rojos y durante la
etapa avanzada, surge un penetrante olor a salado.

♥ Hemorragias

Cambios en la densidad de la sangre a nivel energético; se
emana un penetrante olor a sangre con un gusto muy salado y
acompañado de un ligero olor a yodo.

♥ Hepatitis

El campo áurico adquiere un color verde vejiga acompañado
de un cambio en el pH, que emite un olor similar al de la basura en época de calor.

♥ Leucemia

En su primera etapa, la sangre despide un olor dulzoso y después, un aroma ligeramente similar al vinagre.

♥ Lupus

Energéticamente, la sangre cambia su color. Nosotros podemos ver desde esa perspectiva el interior del cuerpo humano,
con lo que logramos detectar los mínimos cambios en su organismo. El cambio de olor corporal genera también cambios

de humor, lo que provoca que nos mostremos distantes del humano y busquemos más tiempo en soledad para descargar y purificar nuestro ser de los grandes cúmulos de energías residual que recopilamos al ayudar a purificar el cuerpo enfermo del ser humano.

♥ Pancreatitis

La dermis cambia ligeramente al tacto cuando colocamos nuestros cojinetes sobre su piel. Da la impresión de volverse escamosa. Asimismo, el olor corporal sufre un ligero cambio que, si bien no es desagradable, sí es distinto del que ese ser tenía antes de enfermar.

♥ Parálisis

Olor a pescado salado con residuos químicos.

♥ Peritonitis

La dermis cambia ligeramente su coloratura natural y emana un olor a pimienta combinado con un aroma salado.

♥ Problemas cardiacos

El color de la sangre se modifica a nivel energético; adquiere un tono muy oscuro y despide un fuerte olor a madera mojada con matices salados.

♥ Problemas estomacales

Olor a ácido con incremento repentino de la salinidad del organismo.

♥ Problemas intestinales

Olor a vinagre con destellos de mayor acidez, presentando una alteración en la velocidad de respuesta al procesar los residuos alimenticios.

♥ Problemas mentales

Cambios en el color y en el grosor de los lectores electroenergéticos presentes en el cerebro, con alteración de la memoria, reducción de la capacidad de diferenciar escenarios mentales y de decodificarlos. Un ligero olor salado.

❥ Pulmonía
Se percibe un soplo al efectuar la respiración de una baja frecuencia no audible para el oído humano.

❥ Retinoblastomas
Despide un ligero olor a huevo podrido acompañado de una decoloración energética importante en torno al área afectada y la emanación de una luminiscencia diferente a la normalmente emitida por el ojo humano. Tratándose de esta enfermedad en especial, la mayoría de los gatitos logramos percibirla sobre todo durante la noche cuando nuestra mirada se torna más eficiente.

❥ Sarcoma
Aparece un olor penetrante a yodo acompañado con una reducción abrupta del funcionamiento de los chakras, que en su totalidad se alteran y dejan de trabajar simultáneamente y de golpe.

❥ Sida
En su primera etapa, el pH cambia y el olor personal se vuelve menos persistente; en su etapa avanzada emana un ligero olor a huevo en proceso de descomposición.

❥ Trombocitopenia
Aparecen destellos púrpuras como si se tratase de sarpullido en torno a todo el campo áurico del enfermo.

❥ Tumores
Se dispara el espectro energético en torno a los glóbulos blancos, formándose una estela grisácea; de igual forma, el olor corporal se vuelve ligeramente agridulce.

Tu gato,
tu maestro de vida

Que el amor sea tu estandarte y
el odio el desierto que nunca conocerás.

 capítulo 11

Nuestro ego ha hecho que los humanos nos consideremos los únicos seres vivos que pueden desarrollar sabiduría interior. Nada tan alejado de la verdad. Existe un universo rico, vasto y colmado de pensamientos profundos, de emociones sinceras, que tocan el alma para transformarla y enaltecerla. El mundo del que hablo comprende la sabiduría de otras formas de vida, animales y árboles que se comunican de manera telepática ofreciendo consejos, sinceridad y erudición. Los gatos afrontan cada etapa de su existencia con profunda dignidad, soltando apegos, disfrutando de las cosas más sinceras que la vida puede ofrecer. No se lamentan por lo experimentado ni le temen a su propio deceso. Sencillamente, sueltan cada etapa tras haberla vivido intensamente. Así, en este capítulo aprenderemos cómo ellos se convierten en nuestros maestros de vida.

Nos habla Mishka:

Nosotros los gatitos reencarnamos con misiones muy claras que se trazan desde un arco de tiempo, en promedio alrededor de cinco meses antes de nuestro próximo nacimiento a una nueva existencia. Por regla general, nuestro destino en una siguiente reencarnación puede estar planificada incluso 20 años antes de nuestro nacimiento.

Si bien para los humanos los gatitos podemos parecer como criaturas ingratas, perezosas e inútiles, nuestra presencia en su hogar es altamente beneficiosa para ustedes. Quizá no sea evidente, ya que en su mayor parte se trata de beneficios energéticos que no podrán contemplar en el plano físico de modo inmediato; todos los gatos somos sanadores por excelencia, sólo que existimos en diferentes niveles y tipologías.

Algunos de estos beneficios son los siguientes.

♥ En el ámbito emocional

- Sellar de fugas energéticas en campo áurico

- Expulsar entidades negativas del hogar

- Sanar bloqueos energéticos provenientes del linaje

- Sanar el dolor de heridas emocionales

- Sanar la energía de enfermedades humanas antes de que se expresen en su cuerpo

- Limpiar energías densas atrapadas entre los muros de su hogar

- Protegerlos en estado de sueño

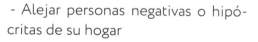

- Alejar personas negativas o hipócritas de su hogar

- Alertar sobre personas funestas que lleguen a su hogar

- Atraer la buena suerte (esto lo hacemos todos los gatos, sin importar edad, raza o color)

♥ En el ámbito físico

- Eliminar su estrés al acariciarnos

- Minimizar sus carencias afectivas

- Combatir la depresión y la ansiedad
- Reforzar su sistema inmunológico
- Proporcionar alegría a su vida
- Advertir ante peligros potenciales
- Advertir ante peligros de enfermedades que se pudieran desarrollar en su organismo
- Prevenir que desarrollen asma

Todos los gatos tenemos el potencial de sanar, pero no todos estamos en el momento evolutivo exacto para conducir de modo consciente un proceso de sanación. En términos generales, se requieren varias existencias previas para aprender a trabajar con este potencial felino, el cual se nos otorgó desde el plano etérico cuando, antes de nacer, nuestras almas acudieron a una escuela felina en este plano.

◉ Tipologías de gatos sanadores

♥ Sanadores de animales
Han elegido como misión de vida acompañar en su proceso de enfermedad y de convalecencia a otros animales, sean estos hermanos felinos, primos caninos o cualquier otro hermano animal. Les ayudan a mantener la esperanza, así como a luchar por recuperarse al sentirse amados y necesitados por alguien.

♥ Sanadores de infantes
Aparecen en la vida de niños que han venido a aprender de una experiencia terrenal muy corta. Es decir, son los gatitos que acompañan a pequeños que trascenderán a corta edad, durante su enfermedad y les explican, mediante juegos y etapas de sueño, lo que ocurrirá cuando crucen el umbral del más allá. Estos gatitos combaten el miedo del niño, pero también el de sus padres y sus hermanos. Le inyectarán amor, esperanza

y matizarán su dolor en esta compleja etapa del proceso evolutivo de su alma.

♥ Sanadores de traumas por accidentes

Por lo general, están de paso. Son gatitos vagabundos que recorren grandes distancias y permanecen poco tiempo en cada hogar. Acuden a un hogar mientras exista el dolor de un trauma vivido por sus humanos, y cuando el trauma sana o se encuentra en vías de sanación exitosa, ellos parten a buscar otros seres a quienes puedan sanar.

♥ Sanadores de emociones

Aparecen de un modo un tanto abrupto e impuesto, no por elección de las familias humanas que los acogen, sino porque requieren urgentemente de estos gatitos para sanar su pesada carga emocional. Su permanencia será ilimitado; ellos fijarán deliberadamente cuánto tiempo les llevará completar dicha sanación, tras lo cual abandonarán este plano. Y sólo ellos decidirán si quieren rencontrarse con estos humanos o no. Su misión puede efectuarse durante pocos meses o escasos años de vida, pero también serán muy longevos cuando la situación sea compleja y demande una carga de sanación desmedida por nuestra parte.

♥ Sanadores de pensamientos

Como su nombre lo indica, vienen a sanar el proceso mental; eliminar inseguridades personales, ideas limitantes y bloqueos mentales; sanar las relaciones tóxicas de sus mentes al liberar su mente de ideas bloqueadas que les han afectado, reduciendo sus posibilidades.

♥ Sanadores de enfermedades

Denominados enfermeros de contención, estos gatitos se desgastan muy rápido, pues sacrifican su propio campo energético para facilitar la sanación de sus humanos. En palabras felinas, se les considera gatos kamikazes, ya que absorben las enfermedades de sus humanos antes de permitir que los afecten gravemente, por lo que pueden vivir muy poco tiempo. Es tanta la energía negativa que absorben que no logran deshacerse de los residuos. Muchas veces perecen por respuestas agresivas en el nivel energético, asociadas a los síntomas de la enfermedad que afectó a sus humanos y de la cual los libraron.

❤ Chamánicos

Yo soy uno de estos gatitos, que tenemos activos en nuestro ser todos los tipos de sanación. Eso no quiere decir que en una sola existencia los pongamos en práctica simultáneamente. Más bien, elegiremos con cuáles queremos trabajar, por cuánto tiempo queremos vivir dicha experiencia y cuáles son los humanos que facilitarán el entorno propicio para desarrollar nuestra misión felina. Sí, los gatitos también debemos completar misiones de vida, sólo que en nuestro caso no hay cuentas relacionadas con saldos karmáticos.

> 🐈 Nota:
> La taxidermia efectuada, solicitada o preservada en tu hogar genera bajas vibraciones y un saldo karmático considerable. Los sacrificios animales arrojan un saldo karmático de 40% por cada animal sacrificado en una sola existencia; es decir, son acumulables, tanto por cada individuo que se sume a este cobarde acto como por cada existencia donde se hayan efectuado tales hechos.

En el caso de eutanasia veterinaria, es importante solicitar al yo superior del animal afectado su permiso antes de proceder.

Igualmente, será fundamental rodearlo de su familia humana, de mucho amor, y procurar que se encuentre lo más cómodo posible durante el procedimiento.

Por otra parte, cuando se habla de cazadores furtivos es muy importante comprender que la matanza nunca será un deporte; más bien, responde a instintos depredadores injustificados. Pensar que se tiene el poder de matar a un animal no genera beneficios espirituales, sino todo lo contrario. Cada persona que mata a un animal por maldad o por buscar un trofeo portando un cadáver a su hogar genera un gran saldo karmático muy severo en la vida del ser que se acumula por cada animal asesinado con crueldad.

Motivos para dejar entrar a un felino en tu vida

Los gatos aparecemos en la vida de las personas cuando existe un motivo importante. Nuestra llegada representa un nuevo ciclo que implicará crecimiento espiritual, sanación y una derrama de amor en la vida del humano que nos acoge. Nuestra partida señala el final de una etapa e implica que ha concluido nuestro trabajo con ese humano, dejando espacio a un nuevo guía que vendrá a enseñarle otras experiencias enriquecedoras y que puede asumir la figura de un gatito, un perrito, una nueva pareja o incluso un hijo. Es posible que nosotros simbolicemos la ayuda del universo ante sus plegarias al transitar por una época muy compleja o dolorosa de su vida. Te comparto cómo se desarrolla el proceso de sanación que efectuamos en el hogar. Durante siglos hemos sido menospreciados por la humanidad al considerarnos animales de desecho, estorbosos, agresivos, mal encarados. Nuestra imagen ha sido desfigurada y temida por desconocimiento de los grandes beneficios y la exhaustiva labor que realizamos en los hogares humanos. Si nos sacrifican en rituales de magia negra, no lograrán atraer estos beneficios; por el contrario, terminarán atrayendo múltiples desgracias, mala suerte y una altísima carga karmática para ustedes y para seis descendientes. En cambio, quienes nos acojan con amor, cuidados y dignidad, encontrarán en nuestra compañía grandes procesos de sanación y purificación, y recibirán nuestra ayuda para reducir en gran medida saldos karmáticos.

Por lo general es nuestro espíritu el que los acompaña cuando deban presentar credenciales ante la junta kármica y a través del consejo de gatos, cuando es necesario, se les ofrece esta dispensa kármática que dicha junta ha aprobado desde tiempos muy remotos.

Los felinos y los niños enfermos

Cuando aparentamos dormir,
corremos detrás de ti para alejarte de todo mal.

 capítulo 12

Los niños que padecen enfermedades a menudo sufren estrés y mucho malestar físico y emocional por no poder disfrutar una infancia plena y tranquila. Muchas veces requieren sentirse protectores de un ser más vulnerable, para así poder soportar su propio dolor. Desde un ángulo más positivo, al ser ellos responsables de otra vida, distraen su mente y se alejan del drama de su vida para volcar su amor, sueños y esperanzas en un futuro prometedor. Esto les inyectará las fuerzas necesarias para afrontar su enfermedad y su tratamiento con valentía, y facilitará la curación del enfermo y también la sanación de las emociones de sus familiares.

Hace tiempo supe de una historia real, de una pequeña que padecía leucemia; su estado empeoraba y su familia se sentía impotente por la depresión que la aquejaba debido a su enfermedad. La niña siempre había querido tener un gatito, pero, considerando su débil sistema inmunológico, los médicos recomendaron a sus padres no tener animales en casa. Sin embargo, ellos, desesperados al ver cómo su hija perdía las esperanzas, decidieron regalarle un gatito. De inmediato, la cría y la niña conectaron. Poco antes de morir, la pequeña pidió a su madre que cuidara de su gatito. Volcar el amor que sentían por su hija en el animal a quien tanto amó, ayudó a los padres a sobreponerse a su pérdida. Así comprendieron que el gatito había llegado a la vida de su hija para ayudarla a partir con menos dolor, inyectarle alegría en sus últimos meses y hacer menos dolorosa su pérdida para su familia. En este capítulo expondremos los beneficios de contar con la compañía de un gato cuando hay enfermos en el hogar.

Nos habla Mishka:

Los gatitos somos sanadores por naturaleza. Tenemos un sexto sentido que nos permite detectar fácilmente diferentes problemas de salud, muchos más de los que pueden imaginar. Al ser altamente sensibles, logramos conectar con las necesidades emocionales, mentales, espirituales, energéticas y de salud de cada ser humano que convive con nosotros.

Nuestros sentidos, más desarrollados que los presentes en los humanos, nos permiten detectar prontamente enfermedades en seres vivos, tanto en otros gatitos como en caninos y humanos, entre otras especies.

En especial, cuando llegamos a la existencia de un niño enfermo, trabajamos en diferentes etapas, que a continuación describo.

1. Reconstrucción del sistema inmunológico desde niveles energéticos, cuando el tiempo de vida del niño, previamente establecido, nos lo permite. En caso contrario, trabajaremos los otros aspectos, centrándonos sobre todo en atenuar su dolor tanto físico como espiritual.

2. Reconstrucción de las ganas de vivir, eliminando depresiones profundas y estados de resignación que buscan, inconscientemente, acelerar el tiempo de espera previo al deceso.

3. Facilitación de cambios en el estado anímico, pasando del neutral hasta alcanzar uno positivo en el cual el niño enfermo, mediante su estrecho vínculo con nosotros, tenga

esperanzas de vida y motivos para luchar por recuperar su salud física.

4. Asignación de responsabilidades relacionadas con nosotros como terapia ocupacional que ayude a eliminar los patrones negativos de su mente. Con esto buscamos que el niño deje de pensar una y otra vez en un escenario dramático, pues sabemos que los patrones mentales pueden ser la clave para que un ser vivo se recupere de un cuadro adverso o decida perecer.

5. Inyección de energía. Mediante terapia energética, impregnamos en sus órganos vitales desde niveles elevados de resonancia energética, una energía de muy alta vibración, capaz de regenerar la propia de los órganos internos. Para alcanzar este resultado es necesario que el enfermo conviva de forma constante y próxima con nosotros; cuanto más próximo esté a nosotros, mayor será la recarga energética que irá recibiendo, y que permitirá que el desempeño de sus órganos internos se optimice, derivando en una mejoría física tanto de la sintomatología como de su bienestar general.

6. Alivio y consuelo. Al ser acariciados por el enfermo lo consolamos y reducimos su estrés y su miedo. Esto es muy recomendable antes de visitas al hospital por permitírsenos estar en hospitales, sobre todo en las áreas de pediatría y geriatría, por nuestra enorme capacidad de empatía energética y emocional hacia quienes sufren padecimientos crónicos. Los enfermos, al sentir la necesidad de cuidar un ser vivo que depende de ellos, olvidan su drama

personal y se centran en el cuidado y la atención del otro. Ese proceso les permite dejar de emanar una onda expansiva de pensamientos y sentimientos tóxicos que sólo contribuyen a agravar su estado de salud. Sin importar de qué enfermedad se trate o la edad del paciente, los felinos siempre podremos aportarles una gran mejoría cuando tenemos libertad para actuar en este proceso.

◉ Enfermos terminales

Desde hace mucho tiempo, el consejo de gatos ha observado los beneficios gozados por enfermos terminales que han tenido en su hogar la compañía de un felino. Entre ellos destacan los siguientes:

- Prolongar el tiempo de vida del enfermo

- Mejorar su estado anímico pese a la enfermedad

- Favorecer la aceptación del tratamiento médico

- Reducir los estados depresivos

- Mejorar la energía del enfermo

- Mejorar su apetito

- Aumentar su capacidad de afrontar la enfermedad con espíritu de lucha

◉ Niños con problemas

Otros casos donde el consejo de gatos ha observado que podemos ser de gran ayuda son los niños con problemas de los siguientes tipos:

- PSICOMOTORES. Los resultados suelen verse después de 24 meses. Ayudamos a ejercitar la mente al hacer que intenten alcanzarnos o sigan nuestros rápidos movimientos con los ojos. Esto mejora sus reflejos.

- PARÁLISIS CEREBRAL. Les ayudamos a desarrollar áreas del cerebro que se encuentran desconectadas entre sí, lo que a la larga mejorará tanto su tono muscular como sus reacciones psicomotoras. En general, se sabe de algunos casos de felinos que han resguardado a niños con estas problemáticas, quienes con el tiempo han logrado expresar algunas palabras clave. Aunque lo hagan con cierta dificultad, eso se considera un avance al entender que, antes del contacto entre ellos y nosotros, no podían vocalizar una sola palabra.

- SÍNDROME DE DOWN. Para este y otros síndromes, los resultados varían en función de la gravedad que presente el niño, pero podemos dar resultados en los primeros 18 meses hasta los 36 meses. Los ayudamos reforzando su autoestima, y fomentando un mejor desempeño cerebral al convivir diariamente con nosotros. Esto gracias a que el cerebro humano debe esforzarse por entender nuestro lenguaje no verbal.

- AUTISMO. Podemos dar resultados desde 12 semanas. No obstante, el consejo de gatos ha tenido casos en los cuales ha habido resultados a partir de las seis semanas de contacto frecuente entre estos niños y nosotros. Ayudamos generando vínculos entre nosotros y las personas que sufren esta condición y tienen serios problemas para establecer vínculos emocionales.

- ENFERMEDADES AUTOINMUNES. Los resultados suelen verse entre seis y 24 meses. Una persona que convive con nosotros obliga a su cuerpo a lidiar con diferentes virus, bacterias y parásitos que en la forma de microorganismos se encuentran presentes dentro de su cuerpo. Al tener contacto diario obligamos al sistema inmunológico del humano a fortalecerse, lo que aportará beneficios adicionales, como sufrir menos enfermedades y que estas duren menos que las que padecen las personas sin máscotas.

- De CONDUCTA (por ejemplo, falta de atención y falta de adaptación al núcleo familiar en niños adoptivos). En algunos casos también podemos ayudar a niños con problemas de conducta, siempre y cuando no hayan mostrado agresividad y dañado a otro ser vivo. Nunca deberán exponernos a seres que presenten problemas mentales que detonan en actos de maldad. Recuerden que, aunque en efecto somos gatos terapeutas y sanadores, también somos seres vivos, que merecemos una vida digna, libre de peligros, en la que se nos ame, cuide y respete. Tampoco es recomendable que tratemos casos demasiado severos donde el niño no diferencie el bien del mal, pues podríamos ser víctimas de asesinato, no por maldad sino porque cuando el síndrome es muy severo, el niño vive en una esfera de nulidad y es incapaz de procesar sus pensamientos, así como de diferenciar los que causan beneficios de los que causan daño. En estos casos sugiero terapias con caballos o con delfines, mas no con felinos.

Ante todas estas problemáticas, lo único que requerimos es pasar largas horas en compañía de los niños, bajo supervisión de un adulto que observe la mejoría en distintos aspectos y, en una bitácora específica sobre el contacto con nosotros, registre todos los signos positivos que observe en el niños con problemas tras interactuar con nosotros. Cabe mencionar que cada caso es diferente y si bien atenderemos con ahínco todos, no lograrán ver resultados en el mismo arco de tiempo en todos los casos.

Los felinos y los adultos con incapacidad emocional

Nunca abraces férreamente tus heridas
ni tus derrotas, deja que estas sean una
insignificante cicatriz que perece con el tiempo,
pero que marque tu ser de sabiduría y humildad.

 capítulo 13

La complejidad de los seres humanos, así como sus traumas emocionales, provocan en muchas ocasiones que desarrollen incapacidad emocional y no logren establecer relaciones armónicas consigo mismos ni con otras personas. Eso los enferma si no se les brinda tratamiento médico o psicológico. Es entonces cuando la presencia de un gato en su vida puede representar una importante dosis de sanación emocional que ayude a atenuar o incluso a terminar con sus conductas erráticas o con sus cambios bruscos de humor. Sin embargo, antes de introducir a un gato en un hogar, es necesario evaluar si esta persona supondría o no un peligro para el animalito. De ser así, deberá buscarse otro tipo de ayuda para el enfermo. Si, por el contrario, este no supone riesgos para el felino, puede considerarse una valiosa oportunidad de sanación y crecimiento emocional para el ser. En este capítulo aprenderemos cómo los gatos poseen la capacidad de ayudar a solucionar problemas emocionales exitosamente en los adultos, y muchas veces, en muy corto tiempo.

Nos habla Mishka:

Los felinos somos criaturas inteligentes, sagaces, bondadosas; sabemos emanar luz y amor. Somos capaces de sanar emociones y tras esta sanación es posible revertir, en muchos casos, las enfermedades que siempre tienen un origen emocional.

También podemos sanar los traumas y sufrimientos emocionales enterrados por un largo tiempo en la profundidad de su ser.

Se dice que no nos interesa el bienestar de las personas que moran en nuestro hogar. Todo lo contrario, pese al aparente desinterés, y sin que ustedes se den cuenta, trabajamos arduamente en el nivel energético para lograr resolver los problemas emocionales de las personas. Muchas veces es necesario utilizar de 65% a 80% de nuestra energía, por ello requerimos largos periodos de sueño para recuperarnos después de efectuar una sanación a un ser humano.

Algunas sanaciones emocionales que ofrecemos:

- Por rupturas emocionales

- Por la muerte de un hijo

- Por la muerte de un animal

- Por la pérdida del empleo

- Por problemas relacionados con la depresión

- Por carencias afectivas

- Del niño interior

- De memorias celulares de dolor pertenecientes a vidas pasadas

Llevamos a cabo todas estas sanaciones de modo paulatino y constante, y, aunque no es posible descubrir los resultados a primera vista, en algún momento comienzan a ser palpables para el propio afectado por alguna de las situaciones antes descritas.

Los felinos combaten bloqueos energéticos en el hogar

Lo que más te confronta , esconde la respuesta universal hacia tu propio crecimiento espiritual.

 capítulo 14

El poder de los felinos es conocido desde la Antigüedad, por sus poderes psíquicos, por su fuerte temperamento y su increíble lealtad. Así se convirtieron en el animal sagrado favorito de los egipcios. Prueba de ello es la existencia de la diosa Bastet, representada por un gato. Ella es protectora de templos y de faraones, a quienes acompañó en su viaje a la eternidad esperando abrirles paso en el más allá. La increíble capacidad de los gatos de conectar con el plano etérico está puesta al servicio del hombre y son ellos los protectores de las energías de baja vibración. En este capítulo abrimos las puertas a la comprensión de sus poderes.

Nos habla Mishka:

Los gatos somos animales místicos, capaces de lidiar con múltiples escenarios energéticos, de resolver desequilibrios y combatir entidades energéticas. Nuestro radio energético de acción es muy amplio y al estar permanentemente conectados con la realidad sutil podemos medir energías y transformar la densidad de un hogar, de una persona, de un objeto, o incluso, de una casa, cuando es necesario.

Esta limpieza y re equilibrio energéticos los realizamos de distintas maneras:
- Elevamos la resonancia energética desde nuestro campo etérico. A diferencia de los humanos, nosotros tenemos

un vasto radio de energía protectora que puede ser transferido desde nuestro yo superior hacia nuestro cuerpo físico cuando así lo elegimos. Este se recarga a sí mismo cada vez que entramos en estado de sueño, es allí cuando nuestro yo superior sana y repara los problemas físicos o emocionales de nuestro cuerpo.

- Traemos al plano físico esta onda de resonancia energética de luz que está impregnada por sí misma de los 12 rayos de energía felina, semejantes a los rayos de los maestros ascendidos, que son una energía específica y perteneciente sólo a los felinos. Los rayos generan sanación en el ser humano, debido a sus vibraciones de amor, liberación energética, elevación vibratoria y evolución. Las ráfagas de luz están dotadas de una energía que rompe las bajas frecuencias que el ser humano emana habitualmente y al hacerlo permite que su cuerpo de luz se restablezca en el nivel energético de un modo óptimo. En verdad, la capacidad de depuración que tenemos los felinos es superior a la que el ser humano logra efectuar por sí mismo.

- Con nuestro ronroneo ayudamos al cuerpo físico del ser humano a descargar energías residuales y vibraciones alteradas. Esta sencilla acción permite reducir considerablemente el estrés, eliminar el miedo y generar sentimientos de amor de muy alta vibración. Estos son capaces de generar un campo energético similar a un campo áurico de amor en elevación que protege al ser humano que nos ama, al tiempo que le ayuda a conectar fácilmente con el amor universal. Desde esta perspectiva, su vida y sus relaciones podrán comenzar a gestar cambios positivos que, en muchos casos, le ayudarán a lograr la sanación física, a generar nuevas oportunidades en torno al plano emocional y ampliar las posibilidades de encontrar una pareja positiva en las personas que están solteras y en aquellas que han experimentado bloqueos energéticos.

- Gracias a nuestro campo óptico y auditivo, somos capaces de detectar diversas enfermedades. Para ello nos colocamos sobre el cuerpo del afectado, en ciertos lugares asociados con el punto exacto donde reside el dolor o la enfermedad, y de esa forma realizamos una sanación constante sobre el cuerpo físico del afectado.

◉ Cómo sanamos

Es importante destacar que nunca realizamos la misma sanación de la misma forma ni en el mismo lugar en todos los seres humanos. Cada persona y cada situación energética requiere atención personalizada.

Por otra parte, nuestras sanaciones son progresivas y se centran en función de lo que detectamos en el chequeo energético que hacemos a cada humano; incluso en la misma persona podemos encontrar diferentes problemáticas. De encontrar varias, es necesario clasificarlas y determinar el grado de prioridad con que cada una deberá ser atendida por nosotros.

Si algún humano quiere solicitarnos una sanación específica, es importante que su yo superior se dirija a nuestro yo superior, usando los códigos de sanación aquí presentados.

Los códigos de energía felina trabajan en diferentes problemáticas. Veamos.

♥ En el nivel físico

· Aportan mayor vitalidad

· Ayudan a incrementar las defensas en el organismo

· Suben el sistema inmunológico

· Combaten la depresión

- Mejoran la recepción de los medicamentos en el organismo

- Minimizan las reacciones adversas y los efectos secundarios a los medicamentos

- Reducen los malestares propios de la enfermedad

- Facilitan el sueño

- Abren el apetito

♥ *En el nivel energético*

- Purifican el campo áurico

- Cierran las fugas energéticas

- Expulsan los parásitos energéticos

- Elevan la vibración en los órganos internos

- Amplifican el campo áurico

- Clarifican el tubo de luz, filtrando impurezas energéticas que pueden obstruirlo

◎ Cómo expulsar entidades energéticas negativas con la ayuda de los gatos

Los gatos cohabitamos entre dos planos dimensionales diferentes de modo paralelo. Es decir, nuestro cuerpo físico se encuentra en el plano terrenal, en tanto que nuestra mente, nuestra visión y todos nuestros sentidos perciben un mundo etérico que no es accesible, en muchos casos, para los seres humanos. De esta forma desempeñamos en el hogar que habitamos diferentes tareas de control y purificación, mediante las cuales expulsamos y depuramos posibles peligros energéticos de la familia y de los espacios habitacionales.

Somos maestros de manipulación energética, pues somos almas capaces de interactuar de modo consciente entre múltiples planos dimensionales. Nos resulta fácil detectar energías y entidades de diversas naturaleza, así como en diferentes circunstancias. Para un felino es sencillo seguir en sueños a su amo, con el ánimo de cuidarlo de ataques energéticos. De igual manera, si nos ven saltar desesperadamente contra una pared, piensen que estamos expulsando a entidades energéticas de baja vibración que por alguna circunstancia, desconocida para ustedes, han decidido anidar o permanecer en ese muro. Para nosotros, expulsarlas de nuestro hogar es fundamental. Si nos rehusamos a ir a dormir para quedarnos mirando un muro, es porque esa noche tendremos una dura batalla energética por librar, ésta, seguramente concluirá al amanecer, tras deshacernos de dichas energías.

Los felinos tejemos mapas energéticos de protecciónalrededor de ellos y de nuestros amigos, sean plantas, arboles, perros o bien, algunos humanos que nos simpatizan, pero que no son los nuestros. Todo esto lo hacemos para mantener alejados peligros de cualquier índole. Y esta protección suele ser restablecida en cada ocasión que inter actuamos con ustedes. En el caso de bebés y cachorros deberemos reforzar esta protección cada dos horas. Al llegar a la infancia, cada 24 horas si son niños o cachorros tranquilos y cada 12 horas si se trata de niños y cachorros hiperactivos que corren mayores riesgos por su naturaleza.

Por otra parte, si el yo superior de nuestro humano encomienda a nuestro yo superior la economía del hogar, y siempre que hayamos sido bien tratados, amados y respetados, podemos fungir energéticamente como gato de la suerte al visualizar que abrimos las puertas energéticas de la abundancia en sus hogares.

Pero reitero, esto sólo podemos realizarlo como servicio cuando nosotros mismos tenemos cubiertas de manera óptima todas nuestras necesidades felinas y cuando nuestros humanos realmente creen desde su mente y corazón que estamos ligados a la buena suerte. Como comprenderán, la resonancia y la precipitación también son cosa de gatos.

En muchos casos expulsamos entidades energéticas en forma de espiral, enviándolas a donde pertenecen; otros tantos, lo hacemos mediante una purificación aguda, seguida del cierre de portales dimensionales presentes en los espejos, puertas, ventanas, computadoras y televisores del hogar. En otras ocasiones, esta limpieza la efectuamos mediante vocalizaciones repetitivas que ahuyentan a entidades energéticas de baja vibración. Al final, los felinos estamos dotados de múltiples recursos, todos puestos al servicio de la humanidad para mejorar su calidad de vida y sus posibilidades evolutivas, económicas, emocionales y de oportunidades.

La estabilidad emocional de tu felino

Si a tu puerta llegamos, obsérvanos, acógenos,
permítenos otorgarte la sanación
que sin ser consciente, tanto requieres.

capítulo 15

El difícil arte de equilibrar emociones ha sido un constante desafío para el ser humano. Si bien existen diversas posibilidades de sanación, cuando encontramos el origen de estas emociones, entendemos que debajo de la mirada enigmática de los independientes felinos, también hay necesidades y emociones específicas que pueden afectar su estabilidad. Muchas veces podemos confundir un mal humor pasajero con un problema de mayor importancia. Por ello es fundamental aprender a conocer cada acción y hábito de nuestro peludo amigo. En este capítulo aprenderemos más sobre las emociones de los felinos.

Nos habla Mishka:

Los gatos tenemos una sensibilidad extrasensorial muy bien desarrollada. Somos altamente perceptivos y receptivos de dos mundos dimensionales muy diferentes, por lo que podemos actuar con gran nerviosismo ya que no nos es fácil estabilizar nuestras emociones de un instante al otro.

Muchas veces, hasta el mínimo cambio puede causar estados de estrés y llegar a enfermarnos o incluso morir por situaciones que en otras especies sólo ocasionaría un mal rato.

Es por esto que todo humano que quiera formar parte de nuestro mundo —o, mejor dicho, con quien nosotros decidamos compartir nuestro espacio aunque él haya adquirirlo el espacio donde ambos viviremos— deberá estar listo para asumir ciertas cosas si espera que la relación felino-humano funcione.

Es importante entender que los gatos no nos sometemos a imposiciones, tenemos un temperamento lleno de ímpetu y solemos ser criaturas de tipo mayormente alfa. De ahí que nos gusta ser los que entablen las reglas del juego o, mejor dicho, de la relación humano-felino.

Sólo cedemos el control y el liderazgo a un humano cuando somos almas muy viejas y evoluciona das: también los gatos traumados por experiencias muy dolorosas, pero aquí hablamos de que se nos ha minado el espíritu y quizás hayamos perdido incluso las ganas de vivir.

Sólo en el primer caso seremos capaces de seguir viviendo siendo plenamente felices y manteniendo una relación sana con nuestros humanos y demás hermanos animales que vivan en el mismo hogar.

Aspectos para tomar en cuenta en la convivencia

- Deben fijarnos horarios, pues tenemos costumbres muy lineales.

- Es importante que tengamos áreas y recipientes asignados diferentes para comer y beber agua fresca. Nos desequilibra emocionalmente cambiar de recipientes o de marca o sabor de alimento.

- Debemos tener otra área especifica para nuestra arena, la cual tendrá que estar siempre limpia tanto por medidas higiénicas como para evitar enfermedades y problemas (por ejemplo, que debido a la falta de higiene decidamos hacer nuestras necesidades en otro lugar no asignado). No nos agrada que cambien nuestro arenero.

- Deben asignarnos un espacio determinado, una manta y una camita donde dormir y sentirnos seguros. Una vez establecido no hay que cambiarlo, salvo imperiosa necesidad o para proporcionarnos un entorno más cálido y confortable. De lo contrario, no lo aceptaremos. Los cambios deben hacerse de modo paulatino y no abrupto.

- Los sonidos muy estrepitosos pueden angustiarnos hasta provocarnos un ataque cardiaco.

- Muchas razas no funcionan bien con niños que en ocasiones nos tratan con brusquedad. Si la raza no es compatible con los menores, hay que considerar otro tipo de mascota o buscar un gato de una raza más compatible. Un gato en situaciones de estrés extremo suele volverse muy agresivo.

- No hay que rechazar nuestras expresiones de afecto cuando estas se producen. Algunos somos muy susceptibles y hasta el mínimo rechazo emocional podemos tomarlo como desinterés absoluto hacia nosotros, esto podría alterar permanentemente nuestra relación con ese humano.

- También debemos tener un rascador.

- Es importante que podamos explorar y conectar con un entorno desconocido cuando recién lleguemos a un nuevo hogar. Deberán darnos tiempo suficiente para ser nosotros los que podamos determinar la interacción con humanos durante este tiempo de adaptación. Cada gatito reacciona de modo individual al respecto; no espere que un gato replique lo que otro hace, cada felino es un mundo aparte.

Descubriendo a tu gato: cómo expresa sus emociones

Cuando mires a tu alrededor y solo encuentres
hostilidad, respira, suelta, no te aferres
a la imperfección, camina sigiloso.
Hasta encontrar la solución.

 capítulo 16

Muchas veces nos preguntamos por qué alguien no expresa sus emociones como nos gustaría, pues de haberlo hecho, habrían puesto pautas claras y más sencillas para mantener una relación con éxito. Pero sabemos que esto no es posible y que cada ser se expresa como puede, según su propio criterio, traumas, experiencias de vida y experiencias álmicas. Lo mismo ocurre entre los animales; ellos conducen sus relaciones con total honestidad, como pueden y no como resultaría más fácil para nosotros. Si no condicionamos el amor entre madre e hijo, ¿por qué esperamos que los animales cambien para intentar encajar con nuestra limitada visión sobre ellos? En este capítulo aprenderemos sobre el espectro emocional de tu gato; espero que al hacerlo abras tu comprensión a un bagaje emocional de tu interior hasta ahora desconocido para ti.

Nos habla Mishka:

Como todo ser vivo, los felinos expresamos sentimientos. A menudo los humanos no logran descifrar nuestra forma de expresar emociones porque no entienden nuestro lenguaje. Si desean alcanzar una óptima relación entre felinos y humanos, es importante que respeten nuestros espacios, necesidades y estados de ánimo.

La comprensión entre diferentes especies requiere tiempo, respeto, amor, cuidados y un complejo proceso de mutua adaptación. Una vez superada esta etapa, de modo paulatino se comenzará a desarrollar ese entendimiento. Pero todo ello sólo ocurrirá si ambos seres ponen de su parte para romper las barreras naturales de comunicación.

Nunca un humano se comportará como un felino ni este lo hará como un humano. Como es de esperar, hay claras diferencias entre ambas especies y es conveniente entender las señales de su lenguaje no verbal para evitar complicaciones y malos ratos en la convivencia.

El humano tendrá que ser consciente de que su felino es su amigo pero nunca su juguete; tampoco deberá esperar que reaccione bien si él hace un gesto no verbal que su felino interprete como intimidatorio o amenazante. Si aprende a entender el lenguaje natural de su gatito, se evitará muchos malos ratos, sustos y situaciones desagradables.

Dada la imperiosa necesidad de que esto ocurra, aquí presento un cuadro en el que se definen señales de lenguaje no verbal emitidas por los felinos que cuando son descifradas por el humano permiten mejorar la relación y minimizan el riesgo de resultar agredido por uno de nosotros.

Como ya dije, nuestro temperamento es nervioso y sólo en pocas ocasiones será apaciguado de forma permanente.

Cómo ayudar a un felino a desarrollar un temperamento tranquilo

TOMAR EN CUENTA EL CARÁCTER DE CADA UNO. Algunos son dóciles, pero muchos otros suelen actuar de manera distante y de ser ese su carácter, habrá que respetarlo. Nunca es buena idea forzar a un felino a hacer algo en contra de su voluntad; no responde como un humano esperaría, salvo que entre ambos se haya instaurado una relación muy cercana y de profundo afecto.

BRINDARLE UN AMBIENTE DE SEGURIDAD EN EL CUAL PUEDA VIVIR. Un gatito que se sienta feliz, cuidado, amado y compatible con su humano, se mostrará más dócil que uno que se sienta amenazado o temeroso.

LLAMARLE LA ATENCIÓN OPORTUNAMENTE. Los felinos tenemos costumbres establecidas y respondemos a señales repetitivas. Por ello, ante la menor expresión de una conducta que para ustedes es reprobable, deberán llamarnos la atención de inmediato mientras estemos infraganti. De lo contrario, no entenderemos nuestro error, lo cual podría afectar gravemente la relación y nuestros patrones de conducta, y causar que nos convirtamos en seres problemáticos. Por ejemplo, si un gato entra a casa con una presa en el hocico, es necesario reprobar la acción tan pronto cruce la puerta.

NO EXAGERAR EN EL REPROCHE, PUES PUEDEN CAUSARNOS TRAUMAS. En el ejemplo anterior, cabe considerar que somos cazadores y al ofrecer una presa a nuestros humanos les mostramos amor y protección. Intentamos enseñarlos a cazar y darles un regalo, aunque para muchos resulte grotesco.

ESFORZARSE CONTINUAMENTE PARA GANARSE LA CONFIANZA DE SU FELINO. Sólo así se conseguirá integrarlo al ambiente del humano sin que este se sienta agredido por la presencia y los hábitos del gatito en el espacio que le brinda.

Hasta este punto lo más conveniente es poner distancia del felino, retirarse de su espacio, es decir de su territorio, para que se calme. Nunca hay que mirar fijamente y sin parpadear a los ojos a un gato acercando mucho la cara a la suya, pues para él este es un gesto de agresión. Los gatos sólo aceptan esta proximidad de un ser en el que puedan confiar por completo, aquel que los ama y cuida con ternura, les da de comer y limpia su arenero. Pero incluso así es vital que al mirarlo a los ojos el humano parpadee lentamente y varias veces; esto se toma como un claro mensaje de cariño que el felino puede de codificar de forma positiva, ya que él mismo expresa estados de relajación cuando parpadea continuamente. Así si le habla en su propio lenguaje. Cuadro 1.

Cuadro 1.
Interpretando las señales no verbales de un felino en distintas situaciones

Irritado furioso a punto de atacar	Agitado	Enfermo o a punto de morir
• Mirada fija,cuerpo inmovil • Garras distendidas • Patas tensas • Cola abatida movimientos rápidos • Gruñidos • Dentadura amenazante • Pelo erizado en lomo • Cuerpo muy pegado al suelo	• Cuerpo arqueado • Ojos muy abiertos • Pupilas Dilatadas • Barbilla pegada al cuello • Cola levantada • Orejas levantadas • Parpados entornados • Vocalización en tonos agudos **Feliz o relajado:** • Exibe y recoge alternadamente las patas • Entrecierra lentamente los ojos • Se tumba de espaldas mostrando el vientre • Se acurruca sobre el cuerpo de su humano, amasa con las patas	• Se esconde • Deja de comer • Ojos muy abiertos • Pupilas dilatadas • Se aisla y evita ser tocado • Su pelaje se vuelve opaco • Deja de jugar • Interrumpe su rutina diaria • Deja de acicalarse • Vomitos constantes • Perdida de orina • Perdida de peso • Casi no se mueve

● Irritado furioso a punto de atacar en estado
de alerta amenazante hacia otro ser vivo

- Garras distendidas
- Patas tensas
- Cola abatida de forma
  constante y rápida
- Hocico abierto,
  mostrando la dentadura
  como amenaza
- Pelo erizado a lo largo
  de la columna vertebral
- Gruñidos
- Cuerpo ladeado
- Pelaje totalmente
  erizado
- Cuerpo muy cercano
  al suelo
- Patas encogidas
  y muy tensas
- Bigotes tensos

- Hocico abierto
- Ojos fruncidos
- Orejas agachadas
- Mirada profunda
- Bigotes inclinados
- Orejas inclinadas
- Orificios nasales
  contenidos
- Cuerpo inmóvil
- Mirada fija
- Cola abatida de
  forma constante
  e ininterrumpida
- Orejas agachadas
  hacia atrás y muy
  cercanas al cráneo
- Pelaje levantado
- Cola erizada

● Agitado feliz relajado enfermo a punto de morir

- Cuerpo arqueado
- Ojos muy abiertos
- Pupilas dilatadas
- Barbilla pegada al cuello
- Cola levantada ante la
  presencia de su humano
- Orejas levantadas

- Párpados entornados
- Vocalización en tonos
  agudos
- Ronroneo · Exhibe y
  recoge alternadamente
  las patas
- Entrecierra ligeramente
  los ojos

- Se tumba de espaldas exponiendo el vientre (cuando tiene absoluta confianza en su humano)
- Se acurruca en las piernas de su humano
- Amasa con sus patas
- Se abraza de su humano y se cuelga de su cuello
- Se esconde
- Deja de actuar con sus humanos
- Se aísla y evita ser tocado
- Su apetito disminuye o incluso deja de comer
- Su pelo se torna opaco y áspero
- Puede mostrarse muy agresivo
- Deja de jugar
- Interrumpe su rutina diaria

- Deja de acicalarse
- Sólo bebe agua
- Guarda largos estados de vigilia
- No tolera el contacto humano
- Sufre pérdidas nvoluntarias de orina
- Deja de usar su arenero
- Pierde peso
- Casi no se mueve
- Deja de saltar
- Se mantiene en la misma posición durante muchas horas
- Se queja o llora
- Tiene el cuerpo distendido o fatigado
- Tiene la mirada triste
- Puede sufrir diarrea, vómito, incapacidad para mantenerse en pie o problemas en la córnea

Alejando entidades energéticas de tu hogar con la guía de los gatos

Como seres psíquicos, los gatitos a menudo podemos obtener información por vía energética antes de que esta se materialice en plano físico. Al conectarnos con un amplio espectro de energías y de planos, percibimos cuándo un humano está cerca de trascender y detectamos enfermedades justo cuando las células comienzan a alterarse, es decir, en su etapa de incubación. Somos capaces de detectar tiempo antes la llegada de nuestros humanos, lo mismo que un evento climatológico violento que se acerca. Asimismo, entendemos cuándo nosotros mismos estamos próximos a trascender.

Estas señales energéticas no son claras para ustedes pero sí para nosotros, pues todas presentan alteraciones en patrones de repetición, en escalas vibratorias, en intensidad o en largo de onda al desplazarse.

A pesar de ser altamente hábiles en el manejo de energías, como todo hermano animal, debemos respetar el libre albedrío de los humanos y sólo estamos autorizados a actuar sin solicitar permiso a su yo superiorcuando tienen una cuenta karmática muy densa hacia nuestra especie.

Tenemos la posibilidad de defenderlos de ataques energéticos y de situaciones bastante complejas en este sentido. Sin embargo, nos vemos impedidos de efectuar un gran abanico de sanaciones si ese humano no ama ni respeta a los felinos. Tampoco podemos actuar si ustedes, mediante su yo superior o su elección personal, no determinan previamente expresar de propia voz su solicitud al consejo de gatos y al yo superior de su felino. Mejor aun sería que nos lo solicitaran telepáticamente, eso sólo cuando estén seguros de que pueden entablar conversaciones mentales con nosotros de forma asertiva. Ante la menor duda, les sugiero efectuar el proceso recurriendo al consejo de gatos y acudiendo al yo superior de su felino.

A continuación veremos cómo fluye la energía en los seres vivos.

Comportamiento de la energía en los humanos

⦿ Energía de un ser humano deprimido

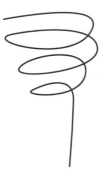

La energía de depresión presenta un espiral en caída constante que decrece sobre su propio eje de trayectoria.

Esta energía se asocia con: agotamiento, estrés, mal humor, decepción y ego lastimado.

Y genera las siguientes reacciones en nosotros: estrés, mal humor, agotamiento y decaimiento.

⦿ Energía de un ser humano enfermo

Es inestable, con bajas y alteraciones que buscan estabilizar a la persona, sin lograrlo de manera sostenida.

Se asocia con: enfermedades, fatiga crónica, decaimiento físico, estados previos a la muerte.

Y genera en nosotros: separación de la persona, temor, rechazo a la persona, ataques de pánico.

◉ Energía de un ser humano antes de trascender

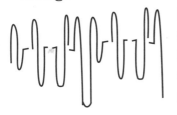

Muestra caídas y subidas con cortes, como si se fracturara y repentinamente intentara ree conectarse en el mismo punto donde se interrumpió.

Se asocia al dolor emocional no sanado. Por lo general derivado de una infancia traumática.

Y genera en nosotros: Irritabilidad, agotamiento extremo, mal humor

◉ Energía de una persona mala

Es una energía caótica que se dispara desordenadamente, rebotando y chocando entre sí. Muy densa, desequilibra las ondas de sonido alterando a personas, plantas y animales. La exposición continua a esta nefasta vibración puede detonar enfermedades en humanos y animales, llegando a causar la muerte.

Se asocia con: odio, miedo, intrigas, enfermedades mentales, egoísmo, insatisfacción

Y genera en nosotros: miedo, enojo, agresividad, inestabilidad, enfermedades o muerte.

◉ Energía de una persona con instintos depredadores

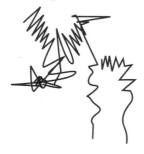

Es una energía inarmónica continua con una gran carga de dolor y mucha ira atrapada de forma desordenada. Rebota y se multiplica desordenadamente, contaminando grandes espacios de forma muy rápida.

Se asocia con: odio, asesinatos, violaciones, violencia de toda índole, pensamientos destructivos y agresivos.

Y genera en nosotros: miedo, alejamiento, actitudes esquivas, reacciones agresivas, enfermedades, muerte por una fuerte impresión o por estar expuestos a grandes dosis de energías negativas.

● Energía de una persona buena

Esta energía presenta una secuencia de ondas que suben y bajan simultáneamente de forma armónica, es constante, suave y hasta cierto punto estabilizadora.

Se asocia con: sentimientos de perdón, amistades sinceras, relaciones emocionales sanas y profundas, alegrías prolongadas, bondades mostradas a lo largo de la existencia presente hacia el ser que las expresa.

Y genera en nosotros: relajación profunda, curiosidad, proximidad, necesidad de contacto físico con ese humano.

● Energía de una persona sana físicamente

La energía de estas personas es ondulante; sube y baja equilibrando las descargas energéticas. Su resonancia es armónica y muy sutil.

Se asocia con: amor, alegría, plenitud, éxito, paz espiritual, paz emocional.

Y genera en nosotros: relajación, calma, necesidad de correr, estabilidad emocional

● Energía de una persona muy evolucionada

Esta energía es muy sutil, continua, equilibradora y sanadora. Es una energía armónica que equilibra las emociones.

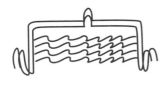

Se asocia con: sentimientos muy puros, vibraciones constantes muy elevadas, almas muy viejas y sabias.

Y genera en nosotros: bienestar, somnolencia, proximidad física al humano que la emite, necesidad de contacto, tranquilidad.

◉ Energía de una persona no evolucionada

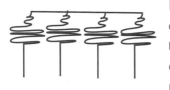

Energía densa, pegajosa, con mucha carga de residuos emocionales negativos, mezclada con grandes cúmulos de dolor y frustraciones afianzados por el ego herido.

Se asocia con: ego herido, carga karmática no sanada, falta de evolución.

Y genera en nosotros: estrés, miedo, ataques de ansiedad, enfermedades, peligros inminentes por ser presa del odio y de los estallidos de violencia de estos seres enfermos emocionalmente.

◉ Energía de un enfermo mental

Esta energía es inarmónica, entrecortada con filos energéticos con puntos de tensión. Sumamente cargada de baja densidad, causa agotamiento crónico pocos minutos después de haber sido expuesto a ella. Presenta picos energéticos, es decir repentinas subidas de frecuencia con muchos intervalos de debilidad energética que se repiten de forma irregular.

Se asocia con: eventos traumáticos no superados en otras existencias anteriores, traumas de esta existencia que no se logró superar, pérdidas violentas, falta de litio en el cerebro, problemas familiares de origen neuronal que se repiten.

Y genera en nosotros: miedo, alejamiento, estados de alteración.

◉ Energía de nuestro humano antes de llegar a casa

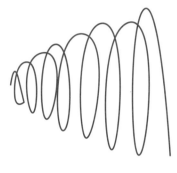

Esta energía se presenta constante en círculos, se amplifica sobre su propio eje y al final se incrementa en línea recta ascendente, amplificando tanto la vibración como el sonido. Cabe destacar que es un sonido no audible para el humano pero que es emitido por su campo energético en su propia frecuencia sonora. Los gatitos, con nuestro bien desarrollado oído, identificamos infinidad de sonidos diferentes provenientes de su campo energético, el cual se desarrolla con intervalos de alteraciones irracionales que generan un compás particular.

Ningún humano produce el mismo sonido en la misma escala y con el mismo compás. Todos generan ligeras variaciones de la misma sintonía, dependiendo de las alteraciones producidas por los cambios de humor, que pueden ser armónicas o inarmónicas.

Las armónicas se asocian con: felicidad, perdón, plenitud, enamoramiento, paz, alegría, salud, esperanza, humildad, lealtad, sinceridad, bondad, tolerancia.

Y generan en nosotros: quietud, relajación, proximidad, interés, vivacidad.

Las inarmónicas se asocian con: odio, envidia, traición, indignidad, cobardía, miseria espiritual, maldad, violencia, frivolidad, resentimiento, mezquindad.

Y genera en nosotros: irritabilidad, enojo, frustración, agresividad, miedo, angustia.

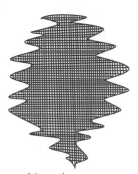

Alma humana
filamentos en sentido horizontal
y vertical, ambos de tipo permanente.

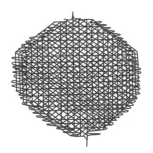

Alma felina
filamentos desprendibles
en sentido horizontal y vertical,
filamentos permanentes
en diagonal de izquierda a derecha
y de derecha a izquierda.

Tu gato, tu médico emocional y energético

Abre tu corazón a cada expresión,
detrás de cada mirar, que te pueda conducir
a descubrir el caudal del amor incondicional.

 capítulo 17

En la década de 1970, el doctor Ryke Geerd Hamer efectuó investigaciones sobre el origen emocional de las enfermedades. Su interés surgió tras ser diagnosticado con cáncer, habiendo previamente gozado de una salud excelente. Hamer descubrió que su enfermedad tenía relación con la muerte prematura de su hijo y el dolor que sintió por su pérdida. Sabemos que existen muchas opciones para tratar un mismo padecimiento, desde la medicina alópata, hasta la alternativa, la molecular, e incluso la cuántica. Hoy conocemos el poder sanador de los animales; muchos estudios científicos han detectado notables mejoras en pacientes con problemas serios de salud al interactuar terapéuticamente como perros, caballos o delfines. Por ende, no debe extrañarnos que tu gato doméstico encierre en su interior importantes dotes de sanador que sin duda te ofrecerá a la menor oportunidad. Aquí descubriremos lo que tu gato puede hacer por tu salud.

Nos habla Mishka:

Proceso de sanación física y detección de problemas de salud con ayuda de tu gato

Como ya he dicho, los gatitos realizamos procesos de sanación de modo personal con cada humano que transita por nuestra existencia. Pero muchas veces la carga emocional de este humano es tan densa que no es posible que un solo felino realice la sanación completa, en cuyo caso le serán asignados varios felinos por un determinado lapso de tiempo.

De esta manera, la sanación se lleva a cabo por bloques y cada felino se encargará de un proceso de sanación comprendido en un solo bloque. Cuando este felino termine su misión y vuelva a su plano etérico, o bien abandone ese hogar para cumplir con otras misiones en otros hogares y con otros humanos, llegará a la vida del humano que dejó otro felino que se hará cargo del segundo bloque de sanación. Incluso en ocasiones el humano convivirá con diferentes felinos a la vez y cada uno de ellos asumirá un bloque en paralelo a los que corresponden a los demás gatitos.

Este servicio de sanación puede durar meses o hasta años, y sólo concluirá cuando sea el propio gato quien, con apoyo de su guía espiritual, determine cuándo se ha concluido dicho servicio. Aquí el gatito estará listo

para trascender o para partir en busca de nuevas enseñanzas y aventuras. Por eso es fundamental que se nos permita actuar como requerimos hacerlo, aunque para ustedes estas actitudes puedan parecer ilógicas.

Por ejemplo, tal vez a la misma hora nos situemos sobre una parte específica de su cuerpo, lo cual querrá decir que ustedes tienen problemas de salud asociados con esa parte. Pero también puede tratarse de un elevado grado de contaminación energética causada por no tener el hábito de purificar el cuerpo energético.

Señales que enviamos según nuestra ubicación y actitud, y su significado.

ENCIMA DE SU CABEZA: problemas neuronales; saturación de pensamientos negativos; problemas relacionados con posibles formaciones de tumores. Es importante realizar estudios médicos y lectura de campo áurico para determinar de cuál de estos problemas se trata, antes de adoptar una actitud fatalista.

ENCIMA DE SU PECHO: problemas cardiacos; problemas emocionales asociados a duelo, pérdidas y desamor; problemas relativos a cáncer y posibles tumores.

ENCIMA DE SU ESTÓMAGO: problemas digestivos; emociones atrapadas no resueltas; problemas asociados a la flora intestinal; parásitos intestinales, virus o bacterias.

ENCIMA DE SU ESPALDA: traumas de vidas pasadas; tensión muscular; dolores de espalda; problemas de contaminación energética; contracturas; problemas e infecciones pulmonares.

EN LAS RODILLAS: ácido úrico; problemas de ligamentos o tendones; fracturas en la rótula; torceduras.

NUESTRA NARIZ SOBRE SUS PÁRPADOS: problemas oculares; infecciones oculares; irritación ocular.

A SUS PIES: presencia de metales pesados en el organismo; problemas renales; problemas de hígado; intoxicación en la sangre.

CUANDO COLOCAMOS NUESTRA CABEZA DEBAJO DE SUS PALMAS: tensión nerviosa; estrés; fatiga crónica; contaminación energética.

CUANDO SOLICITAMOS ESTAR ABRAZADOS: necesidad de afecto por parte de nuestro humano; carencia emocional; periodo de duelo; depresión.

SI NOS RESTREGAMOS POR TODO EL CUERPO: problemas sanguíneos; leucemia; virus activos en la sangre; problemas relacionados con los glóbulos sanguíneos; enfermedades degenerativas.

Si miramos fijamente el área de los órganos sexuales: infecciones vaginales; infecciones sexuales; problemas de próstata; problemas del aparato reproductivo.

Lametazos: problemas cutáneos; depresiones.

No querer dejar salir a la calle a nuestro humano: peligro de accidente; peligro de muerte; peligro de asalto o secuestro.

No soportar el contacto humano: maldad; víctimas de hechizos, conjuros o magia negra.

Desapego físico y emocional: nuestro humano está a días de trascender; nosotros estamos a punto de trascender.

Huir de las visitas o escondernos ante estas: vivimos felices en esa casa y no queremos irnos; desconfiamos del humano que visita la casa.

Los gatos y
los ángeles

Que tus pasos no sean sinónimos de su pesar,
que te guien hacia tu pleno potencial.

 capítulo 18

El egoísmo humano nos ha hecho pensar que sólo la humanidad merece una directiva y protección divinas. Nada tan errado como este concepto. Cuando un felino entra en tu hogar, energéticamente aparecen felinos etéricos que por instantes son visibles a simple vista, para luego desaparecer con rapidez e inesperadamente. Estos son los protectores de tus gatos. Ellos acompañarán y guiarán a sus protegidos hasta que ellos trasciendan al plano energético. Tras la muerte del gato, estos seres desaparecerán de tu hogar y jamás volverán. En mi opinión, son estos seres angelicales los que se muestran con un cuerpo energético de felino; los que guían a los felinos callejeros hacia un ser humano capaz de proporcionarles algún tipo de ayuda y que les indican de quién deben desconfiar y en quién pueden apoyarse. A continuación estudiaremos cómo es la relación de estos felinos con sus protectores.

Nos habla Mishka:

Todo ser vivo cuenta con una directiva que resguarda su bienestar desde un plano superior y nosotros los felinos no somos la excepción, aunque nuestros guías y protectores difieren mucho de la clásica estampa con la que se les representa como seres humanos alados.

Nosotros no conocemos ángeles ni seres de luz que requieran alas para desplazarse entre planos energéticos. Todos los seres que alguna vez recorrimos un sendero terrenal,

estamos regidos por la ley de la vida y la muerte, la cual se asocia con el cambio de estado natural al desprenderse el alma de lo que hasta ese instante había sido su manto corpóreo. Siendo así, es posible entender que nuestros ángeles son tan sólo un espíritu felino perteneciente a la misma especie del manto corpóreo que vestimos en la existencia terrenal en la que nos encontramos.

A diferencia de los humanos —rara vez uno de ustedes podrá contemplar o entablar un discurso directo con su protector energético—, nosotros somos capaces de mirar energéticamente a nuestro ángel custodio. Ellos nos guían cuando debemos emprender un largo trayecto, lo mismo que en el momento del alumbramiento; nos indican qué debemos hacer. Lo que ustedes llaman instinto animal rara vez lo es en realidad.

Ellos nos acompañan en todo momento desde el nacimiento hasta el desprendimiento de nuestras almas. A menudo se muestran del mismo tamaño que la especie que nos vio nacer. Pero en algunas ocasiones, si así lo consideran necesario, nuestros ángeles protectores pueden aparecer en mayor tamaño que la media de los individuos de la propia especie.

Estos guían a las manadas durante las migraciones, nos alertan de peligros y mantienen una estrecha comunicación con nosotros. En ocasiones aparecen como estelas de luz, otras los contemplamos como el manto de su representación física. Para ustedes resultará más fácil considerar que nuestros ángeles se parecen más a los animales de poder que a esos seres alados que podrían esperar.

Estos protectores son responsables de transmitirnos diferentes tipos de señales de alerta ante múltiples peligros potenciales y su misión es guiar a nuestra alma tras su desprendimiento al dejar el manto físico que vistió en la presente encarnación.

Ellos nos acompañan en nuestro transitar por el túnel de luz. Cuando un alma humana parte, puede llegar a los umbrales de la luz o de la oscuridad. En cambio, en nuestro caso, al no haber maldad en nuestra alma, siempre seremos guiados al túnel de la luz que conduce al interior del jardín donde habita en plano etérico el consejo de gatos.

En ese recinto podemos descansar antes de reencontrarnos con ellos, en un suave y mullido césped bien cuidado con aroma floral y una delicada luz dorada que nos ampara relajando y eliminando de nuestra alma el estrés que quizá sentimos tras una larga enfermedad o por la resistencia de nuestros humanos a dejarnos partir, aunque ya había llegado el tiempo de desprendernos de dicho manto corpóreo.

Los gatitos nos aferramos a un cuerpo físico, pero si nos fuerzan a padecer infinidad de dolorosos procesos cuando nos encontramos muy enfermos, si nuestros humanos se rehusan a entender que ha llegado ya nuestro tiempo de partir, eso supone traumatismos emocionales para nosotros.

Es importante que comprendan que cuando un manto físico ha dejado de funcionar, deja de ser opción para nosotros permanecer atados a dicha imperfecta representación. Nosotros, repito, no somos criaturas aferradas al dolor, quitar entendemos no es parte de la naturaleza de un felino. Por tanto, solemos desprendernos de modo casi inmediato cuando este cuerpo empieza a representar una pesada carga de dolor físico que no tenemos por qué experimentar.

Tampoco es conveniente que se nos someta a cirugías de alto riesgo si el veterinario no puede precisar qué posibilidades hay de lograr una total recuperación. Es importante tomar en cuenta esta recomendación, tanto por el aspecto económico como, y sobre todo, para evitar angustias, estrés y más carga de dolor que en muchos casos puede reducirse si nos atienden en nuestro hogar con tratamientos paliativos que actúen como sedantes del dolor. Así podremos gozar de nuestros últimos días o meses entre los brazos, los cuidados y el amor de nuestros humanos.

Jamás una clínica veterinaria podrá ofrecernos mejor calidad de vida cuando el diagnóstico es reservado que la que podríamos tener en compañía de nuestros humanos, rodeados de nuestro juguete preferido, nuestros platos de comida y nuestro cobertor. Si toman en cuenta que entre ustedes y nosotros hay un vínculo profundo, leal, desinteresado, respetuoso y amoroso de unión álmica, nuestro deceso será siempre la promesa de un futuro reencuentro más prometedor entre sus almas y las nuestras.

El tiempo que la vida nos permita estar juntos

Si esperas dignidad asegúrate
de ser tu máxima expresión.

 capítulo 19

Muchas veces el ajetreo de la vida diaria nos aleja de lo más maravilloso que tenemos: el amor y la compañía de nuestros seres queridos. De forma errónea, damos por sentado que estos estarán a nuestro lado por siempre. Pero, como bien menciona Mishka, la existencia es muy breve y, cuando menos te das cuenta, termina. Es entonces cuando valoramos y añoramos aquellos momentos que sólo forman ya parte de nuestros recuerdos. En este capítulo Mishka quiere enseñarnos a disfrutar cada lapso de tiempo en compañía de nuestros amigos felinos y también nuestros grandes afectos como si cada día fuese el último en su compañía, hasta hacer de esos momentos los más intensos, poderosos y amorosos que podamos vivir.

Nos habla Mishka:

Algunos de nosotros nacemos con misiones complejas y multi dimensional es, que requieren que permanezcamos en un mismo manto corpóreo por periodos muy prolongados. Otros nacemos con misiones de vida claramente definidas que sólo requieren estadías corpóreas muy breves. Sin importar si sus felinos pertenecen a un grupo u otro, deben aprender a respetar la naturaleza de la existencia, a optimizar el contacto y a vibrar con mayor intensidad en ambas experiencias que pueden resultar enriquecedoras para nuestro espíritu felino y para su alma humana.

Al final, pese a hablar de representaciones corpóreas durante la existencia humana y felina se trata sólo de esencias divinas, de energías puras que no pertenecen realmente al plano terrenal y que están aquí aprendiendo de algunas circunstancias determinadas para favorecer el crecimiento en ciertas áreas específicas de ambas almas. Y, aunque para ustedes la despedida implique una confrontación y esté colmada de sentimientos complejos y encontrados, es imprescindible que acepten que la muerte es el primer paso para una evolución hacia marcos evolutivos más prósperos de vivencias que son ahora evidentemente necesarias para nuestro ser.

Jamás se sientan culpables de que nuestra existencia hubiese sido pactada como breve por nuestras propias almas antes de que naciéramos, pues, a mayor brevedad, más intensidad emocional y álmica existirá en dicha reencarnación. Quizá si pudieran preguntarle a los gatos más longevos si habrían optado siempre por existencias muy prolongadas, verían que habrían elegido siempre existencias puntuales cortas, con bagajes de experimentación y espectros evolutivos más amplios en menor tiempo.

Qué aprender después de la muerte de un felino

1. Permanencia energética

Como ustedes, nosotros también solemos elegir el momento de partir y, después de hacerlo, pasamos algún tiempo energéticamente al lado de los seres a quienes elegimos acompañar durante nuestra existencia. Al dejar el pelaje físico, nos desprendemos con una visión circular y pluri dimensional al mismo tiempo; es decir, vemos un campo de 365 grados uno sobre otro, plano tras plano. Nuestros sentidos energéticos se agudizan mientras el cuerpo físico se enfría y los signos vitales se desconectan. Durante las primeras siete noches tras habernos liberado del manto físico nos mantenemos próximos a los seres que en vida nos amaron y cuidaron, les inyectamos energía felina y intentamos minimizar su dolor. Es un momento duro en el que anhelaríamos evitarles el sufrimiento que les causamos con nuestra partida. En nuestro caso no pasamos por la junta karmática, sino por el consejo de gatos.

2. Decisión

El consejo, compuesto por las almas de todos los felinos de cualquier tipología que moran desde tiempo atrás en el plano energético, nos recibe y nos pide que destaquemos lo mejor que experimentamos durante esa reencarnación. Se nos plantea si queremos volver o no. Si decidimos hacerlo, nos es permitido elegir un manto físico para la nueva encarnación; podemos repetir la experiencia al lado de algún humano cuando el amor entre nuestro ser y el suyo fue puro, profundo y sincero. En tal caso, desde ese instante se comienza a efectuar el proceso de preparación hacia una nueva encarnación.

3. Regreso

Si no deseamos volver, se nos pregunta que es aquello que queremos efectuar con nuestro tiempo éterico en los espacios de la luz. Y este es tan largo que en ocasiones nuestras almas pueden aburrirse por tanta paz durante tanto tiempo; como bien saben, los gatos somos almas vivaces activas y nos gusta la extrema pasividad. Nuestro espíritu felino nos impulsa a buscar nuevas experiencias y así reencarnamos tantas veces como queremos. Muchos de nosotros podemos pasar 400 años en el plano etérico y un buen día, de la nada, decidir volver.

4. El mismo ser

Tras la entrevista con el consejo, somos libres para hacer lo que deseemos, relajar nuestra alma, desprendernos de lo relacionado con nuestra más reciente encarnación. Pero muchas veces somos nosotros los que solicitamos volver una y otra vez con el mismo ser. Muchos nos hemos reencontrado en existencias subsiguientes con las mismas almas, conformando familias mixtas de almas humanas y animales.

5. Una misión

Pasada la visita al consejo dedicamos nueve meses a una importante misión: recibimos almas felinas que trascienden y entrenamos a los nuevos gatitos que están próximos a reencarnar en plano terrenal. Todo gato vive este proceso durante nueve meses posteriores a su deceso, tiempo que puede prolongarse si así lo deseamos. Si deseamos reencarnar, estaremos listos en el transcurso de 10 a 12 meses. Durante este tiempo previo al regreso en plano físico, seleccionamos nuestro nuevo hogar, nos trazamos un proyecto de vida y determinamos cuánto tiempo necesitaremos para llevarlo a cabo.

6. El tiempo

Una vez trazado el proyecto, volvemos con el consejo de gatos para que sean ellos quienes determinen si ese arco de tiempo es suficiente para la misión que buscamos emprender o si se requiere uno mayor. De ser así, ellos fijan un ajuste de tiempo para optimizar los resultados.

7. Visitas

Tras cada existencia en la que completamos el objetivo previamente trazado, nos otorgan un regalo energético. Muchas veces este se centra en visitar en sueños a las personas que nos han amado y otras se acumula como cualidades para nuestra siguiente encarnación.

8. Evolución

De tal forma, con el transcurso de cada experiencia, haya sido exitosa o no, nuestras almas se pulen como diamantes y algunos llegamos a ser altamente evoluciónados. Cuando hemos estado en contacto y entablamos una relación especialmente próxima con algún ser humano, continuaremos a su lado de forma indeterminada, sin poder dividir el plano dimensional, tiempo o espacio. Esto es, cada día convivimos con información de diferentes fuentes que nos llega en un mismo instante desde lugares muy remotos, algunos etéricos y otros físicos.

9. Conocimientos

Con esto generamos patrones pluri dimensionales de sonidos, imágenes, recuerdos, olores y experiencias que se inter conectan en nuestro cerebro por medio de un sistema de luces que detonan mostrando la secuencia anterior y posterior a cada información que recibimos; pero también estas secuencias están acompañadas de la fuente y de la distancia desde donde provienen. De tal modo, nosotros logramos tener una biblioteca infinita de conocimientos extrasensoriales multi dimensionales acompañada de toda la información que hemos acumulado tras cientos o miles de existencias.

10. Conciencia

Nosotros grabamos en nuestro sistema energético cada experiencia experimentada en plano físico, las cuales, a diferencia de las existencias del ser humano, no se borran. Neutralizamos el dolor y el sufrimiento experimentados, pero somos conscientes de cada existencia que afrontamos, con lo que desarrollamos un bagaje de vivencias que nos permiten ser más eficaces en cada misión subsecuente, pues podemos recurrir a esta biblioteca energética siempre que sea necesario para optimizar nuestras vivencias en cada encarnación.

11. Comunicación

A diferencia de ustedes, nosotros no interrumpimos la comunicación con el plano etérico a lo largo de nuestra existencia terrenal. Puede considerarse que vivimos en dos planos diferentes de forma simultánea, resguardando un gran acervo de vivencias y conocimientos.

No obstante, debemos aprender más antes de lograr un nivel evolutivo elevado. En promedio, nuestras experiencias terrenales suelen duran de dos años a ocho años; por regla general nos quedamos de cuatro a seis años, pero en algunos casos prolongar la misión de 14 a 16 años o más.

12. Meditación

Sin embargo, todo este inmenso universo de información nos supone ser altamente susceptibles; nos volvemos nerviosos, sigilosos, expectantes y cautelosos, por lo que es esencial que pasemos largas horas purificándonos, reposando o bien meditando. Sí, nosotros meditamos en profundidad. Lo hacemos cuando nos sentamos mirando fijamente un punto en la línea del horizonte y, casi inmóviles, como estatuas, contemplamos el entorno que gira energéticamente 365 grados a una velocidad superior a la de la luz, mientras movemos sólo y con gran lentitud nuestros bigotes, de manera casi imperceptible para nuestros humanos, quienes no entenderán qué hacemos inmóviles durante tanto tiempo en el mismo lugar.

13. De codificación

Nosotros de codificamos diferentes tipos de energías y, como ya saben, podemos descubrir de manera temprana enfermedades como el cáncer y la leucemia o trastornos mentales. Nuestros muy refinados sentidos nos permiten recibir información de olores o sonidos muy alejados del sitio donde nos encontramos que podemos de codificar con un simple movimiento de nuestras orejas.

14. Audición

Podemos captar sonidos de diferentes frecuencias de 20,000 hasta 25,000 vibraciones por segundo. Así percibimos ultrasonidos que el ser humano ni siquiera imagina y, en términos de volumen, somos capaces de de codificar sonidos de hasta 65,000 hertzios por segundo. Tenemos la capacidad de identificar el origen de la fuente de un sonido a una distancia corta de 8 cm a 1 metro y con ese parámetro logramos identificar lo que ocurre a una distancia de hasta 20 kilómetros. Nuestra capacidad auditiva siempre será más refinada en una de nuestras orejas. Nuestros humanos pueden aprender a reconocer cuál es pues será la que movamos con mayor frecuencia durante más tiempo. La razón es que hay más de 20 músculos en nuestro pabellón auditivo. Pero nuestro oído no solamente nos ayuda a conocer y medir el terreno donde nos encontramos; también nos sirve para saltar por las alturas como equilibristas de un circo. Este equilibrio tan agudo se lo debemos a los tres conductos semicirculares presentes en nuestro oído interno.

15. Equilibrio

Por eso, cuando nos enfermamos o somos ya muy ancianos, solemos perder el equilibrio fácilmente. Y es que muchos medicamentos, si bien nos curan, atrofian temporalmente nuestros agudos sentidos de la percepción del equilibrio y de las distancias focales, que son nuestras herramientas de supervivencia. Por eso detestamos tomar medicamentos, y más bien apretamos los dientes, contraemos la mandíbula, cabeceamos o lanzamos hacia adelante las patas con las garras abiertas para resistirnos.

Comprendan que no es nuestra intención dañarles sino volver a la seguridad que manifestamos al percibir normalmente el mundo desde nuestra anatomía felina.

16. Vibraciones

Por su parte, nuestras patas nos permiten evaluar la temperatura, así como reconocer las vibraciones de las frecuencias que emanan los objetos, las personas e incluso la misma tierra. Mediante nuestros cojinetes nos arraigamos a la tierra y eso nos permite tener confianza en nosotros mismos, pero también sentirnos seguros o inseguros dependiendo de lo que este suelo nos remita a nivel de recuerdos que se asocian con experiencias positivas o negativas.

17. Sensores

Cuando se presenta un incendio o un temblor, nuestros sensibles receptores energéticos se alteran llegando a su punto máximo y estos traumas son muy difíciles de sanar en nuestro hipersensible ser. Y peor aún será cuanto más evolucionada resulte nuestra alma. Tenemos sensores por todo nuestro cuerpo interconectándose con nuestros 12 cuerpos energéticos y a la vez con los sentidos energéticos que tenemos:

- Medición de distancia

- Reconocimiento de ondas vibratorias

- Detección de la intención de las personas

- Detección del clima

- Lector de rayos infrarrojos que nos permite mirar inmersos en una oscuridad que, si bien no es total, sí es una muy superior a la percibida por el ojo humano.

- Medición de la temperatura corporal, desde la cual observamos en la oscuridad dónde se encuentra nuestra presa cuando tenemos la desgracia de ser callejeritos.

- Interacción con múltiples planos dimensionales al mismo tiempo.

- Premonición de catástrofes naturales antes de que ocurran.

- Detección de células enfermas en el cuerpo, asociadas a enfermedades antes de que detonen en el cuerpo humano.

- Conocimiento con antelación de la fecha de deceso de nuestros humanos y de nosotros mismos, así como de otros animales presentes en nuestro hogar.

- Conocimiento previo ante desastres naturales que ocurrirán en un futuro próximo.

- Lectura vibratoria y reconocimiento de nivel evolutivo de los seres humanos, así como del saldo karmatico de sus almas.

18. Visión

Tenemos una refinada visión gracias a que somos el resultado de un complejo y muy arcaico proceso de evolución iniciado con los antepasados comunes de todos los félidos y panteras, el miacis (gatos de mayor tamaño y poderío) y el dinictis (pertenecientes a una selección evolutiva más inteligente capaz de sobrevivir con pocos recursos al haber sacrificado el tamaño, lo que dio origen a felinos más chicos, más ágiles y más resistentes a los cambios abruptos que impone la propia evolución). De aquellos antepasados primitivos heredamos una aguda visión nocturna que nos permite identificar presas disimuladas en su habitad y detectar el mínimo movimiento por un agudo sensor de calor corporal.

19. Herencia

Nuestros agudos colmillos los heredamos en gran parte de nuestros antepasados, como el dientes de sable; si bien la línea directa de estos se extinguió hace demasiado tiempo, ciertas características genéticas, como los largos colmillos continúan mostrando con orgullo en nuestro estilizado cuerpo los orígenes salvajes que conocimos. Otro punto clave, nuestras garras, también provienen de la época más primitiva de nuestro desarrollo como especie.

20. Velocidad y resistencia cardiaca

Pero ¿cómo somos capaces de cazar eficazmente? Cada uno de nosotros ha desarrollado un sutil y complejo mecanismo de cacería diferente que responde a la perfección a nuestro hábitat. Nuestros primos los chitas sacrifican resistencia cardiaca por velocidad; es decir, logran precipitarse en grandes velocidades por un espacio de tiempo muy corto, alcanzando hasta 100 kilómetros por hora. Pero este punto máximo de velocidad supone un esfuerzo cardiaco que sólo logran sostener por unos pocos segundos, manteniendo una media de 40 a 50 kilómetros por hora, normalmente entre uno o dos segundos. Los gatos domésticos rara vez necesitamos desplazarnos a gran velocidad; por eso, en el trayecto evolutivo nos volvimos animales menos veloces pero con un corazón más resistente que el de nuestros primos salvajes.

Pero esta resistencia cardiaca es relativa, ya que en relación con los caninos, nosotros somos animales sumamente delicados que pueden morir por un susto o por un nivel muy alto de estrés. Incluso nuestra destreza para girar se ve entorpecida cuando intentamos hacerlo a gran velocidad, y esto puede suponer una grave desventaja cuando perseguimos una presa. La velocidad varía en función de nuestro peso, edad, estado de salud y raza. Los primos de la raza Mau Egipcio son los más veloces, alcanzando un promedio de 48 km por hora, muy por debajo de los 100 que alcanza un primo chita. De todas maneras, se trata de una velocidad bastante destacada, si se considera que el propio chita corre en promedio a 50 kilómetros por hora, teniendo una diferencia con nosotros sólo 2% inferior a los chitas.

21. Maestría

Los felinos tenemos un destacado cuerpo producto de una lenta evolución que nos permite efectuar giros casi en cualquier posición y mantener el equilibrio sobre el eje de la columna vertebral gracias a nuestra larga cola que funge como resorte de impulso y estabilizador aerodinámico. Nos resulta fácil trepar, saltar y aterrizar. Dotados de un oído agudo, una visión altamente eficiente y un cuerpo aerodinámico, somos seres de maestría en materia de ingeniería animal.

22. Carácter

Seguramente muchos se preguntarán cómo somos en el ámbito cotidiano. Quien no ha convivido con un felino nos tachará de criaturas déspotas, ingratas, salvajes, agresivas e interesadas. No obstante, como ocurre con ustedes, cada uno de nosotros posee sus propias particularidades en materia de carácter. Algunos humanos son malvados, agresivos, interesados y manipuladores, en tanto que otros son amorosos, pacíficos, protectores, recelosos y bondadosos. No es posible clasificarlos de manera global por la maldad o agresividad que prevalece en muchos individuos. En nuestro caso, sí existen gatos salvajes y gatos que no gustan del contacto humano. ¿Por qué? Sencillo, como ustedes, hemos venido a evolucionar, a soltar heridas emocionales de otro tiempo, a sanar nuestro dolor, a aprender del mundo bajo nuevas ópticas, y esto requiere un delicado y frágil proceso evolutivo y muchas más vidas que las que un ser humano puede recorrer. ¿Por qué ocurre esto? Veamos.

23. Existencias

Nosotros los felinos vivimos por espacios de tiempo menores al promedio de un humano. Mientras ustedes precisan de un promedio de 60 a 80 años de experiencia para vivir una sola existencia, en ese tiempo, nosotros habremos transitado en promedio por entre cinco y seis existencias. La razón es que en la mayoría de nuestras existencias no llegaremos a los 20 años de vida y en muchas viviremos tan sólo cinco o seis años, en tanto que algunas que consideramos longevas rondarán en torno a los ocho a 10 años. Con el paso del tiempo, los gatos podemos adquirir mucha sabiduría y, cuanto más sabios seamos, más quisquillosos nos volveremos a la hora de elegir un hogar en un entorno humano.

Factores que determinan cómo elegimos un hogar entre humanos

- La resonancia de las personas con las cuales cohabitaremos, sobre todo de aquella que será nuestro protector, es decir, con quien el vínculo llegará a ser más sólido y profundo.

- Su saldo karmático y darmático

- Su necesidad de recibir amor sincero y su capacidad de expresar amor, respeto y protección hacia un felino.

- Su disponibilidad de tiempo para nosotros.

- Su nivel de inteligencia.

- Su nivel evolutivo.

- Su temperamento y su relación con el nuestro.

- Su misión de vida y la nuestra.

- Lo que pueden ofrecernos contra lo que nosotros podemos ofrecerles.

- Lo que han experimentado en sus existencias anteriores hacia los felinos. Quien antes haya ayudado, amado y salvado a uno de nosotros, tendrá en esta vida la oportunidad de convivir con felinos muy evolucionados, y aquel que haya lacerado gravemente a felinos en otra existencia, tendrá que aprender a respetar a felinos poco evoluciona dos que puedan causarle muchos dolores de cabeza por su agresividad y poco interés hacia los humanos.

◉ Después de la elección

- Cuando se determina qué felino convivirá con qué humano y cuál es el objetivo de esta unión, se trazan objetivos por cumplir tanto para los humanos como para nosotros. En efecto, los gatitos no somos inútiles NO. Llegamos en el momento preciso cuando hay que despertar y sacudir muchas fibras emocionales, cuando se aproximan muchos cambios y cuando ese humano tiene espacio y tiempo para nosotros.

- Al arribar al plano físico nos es asignado un tutor energético, el alma de otro felino, que nos guiará y nos apoyará durante nuestro sendero en esa encarnación. Cabe considerar que nosotros mismos tenemos un ángel protector que muchos de nuestros humanos pueden ver en algún momento con la forma de un gato que aparece y desaparece en su hogar y que sólo será percibido por quienes tengan muy desarrollados los chakras de la frente y la cabeza. Entonces, verán gatitos físicos y gatitos energéticos transitar por su hogar con toda naturalidad. Los energéticos partiránde su hogar unas horas después de nuestro deceso, no sin antes purificar a los humanos que nos acogieron con amor y respeto en su propio hogar. Nuestros protectores energéticos suelen ofrecer una dispensa karmática a todo aquel que haya cuidado en algún tiempo de un felino.

Consejos para hacer más grata la convivencia con tu felino

Los gatos son muy limpios y quisquillosos. Recuerda mantener su arenero siempre limpio para evitar que termine por hacer sus necesidades fuera de este, al considerar que la arena no se encuentra en condiciones para ser utilizada por él. Cambia en su totalidad la arena inmediatamente después de que la utilizó. Esto evita contagio de enfermedades y mantiene tu casa aseada.

Cuando limpies su arenero, desinfecta y lava el recipiente. Es aconsejable colocar bolsas de plástico para basura, una para proteger el arenero y otra para facilitar la limpieza sin tener que tocar directamente la arena con las manos.

En la zona donde se encuentre su arenero, limpia siempre con agua, jabón, cloro, vinagre y bicarbonato de sodio antes de volver a colocarlo. De esta forma evitarás malos olores que pueden enfermar tanto al felino como a los seres humanos.

Una vez que esté adaptado a la marca de arena y de alimento no es conveniente cambiarlos, salvo por decisión de su veterinario.

Siempre que deba ser suministrado uno médicamente vía oral es conveniente hacerlo con gotero para evitar que los líquidos terminen en los pulmones del gato.

Si tienes más de un gato, en caso de que uno enferme, mantenlo aislado hasta que el veterinario considere que ya no puede contagiar a los demás gatitos presentes en el hogar.

No permitas que tu gato salga a la calle, es peligroso; puede contagiarse de enfermedades mortales, perderse o incluso morir.

En invierno es recomendable evitar a tu gatito los cambios bruscos de temperatura. Eliminar baños con agua fría y mantenerlo lejos de las corrientes de aire; esta es una buena medida para evitar enfermedades prolongadas, malestares físicos y costos médicos de emergencia. Todo felino debe estar siempre vacunado y desparacitado.

Cuando un felino llegue a un nuevo hogar, deberá tener un espacio cómodo, caliente, limpio, pequeño y seguro donde no pueda escapar ni hacerse daño y donde pueda permanecer sin ser molestado para facilitar su adaptación a su nuevo entorno.

Si bañas a tu gatito con agua, esta siempre deberá estar tibia y el baño tendrá que ser breve con jabón especial para pelo de animales, ya que los champús para cabello humano no le sirven. Es importante evitar que les entre agua o jabón en los ojos y en las orejas, ya que esto puede causar infecciones difíciles de tratar.

Nota:
Estos códigos no sustituyen un tratamiento médico. Son complementarios a este. Es importante entender que estos códigos funcionan mejor en las personas que aman a los felinos, y no funcionan bien en quienes los detestan. Por otra parte ¡nunca debe suspenderse el tratamiento médico!, sino apoyarlo con la energía felina y con los siguientes códigos..

En la práctica

◉ Códigos para sanar diferentes problemas

♥ *Códigos para resolver problemas de distinto tipo y cuántas veces repetirlos*
- Riñones: GAT12-00GG (16 veces al día)

- Corazón: GAT 11-33-006GT (12 veces al día)

- Estómago: GAT 11-32-0016 GG (ocho veces al día)

- Intestinos: GAT 1276-002-16 GG (18 veces al día)

- Sangre: GAT 996-1276-00-66 GD (11 veces al día)

- Mente: GAT 18-89-1176 GAT-D (23 veces al día)

- Pulmones: GAT 11-22-776 GG (18 veces al día)

- Articulaciones GAT 66-16-76-73 GAT (10 veces al día)

- Huesos: GAT 996-18-1876 GG (18 veces al día)

- Ojos: GAT 18-33-93 GT (26 veces al día)

- Respiración: GAT 11-76GG (18 veces al día)

- Bazo: GAT 1186-16 GP (12 veces al día)

- Riñones: GAT 11-77-16 GG (24 veces al día)

- Glóbulos blancos: GAT11-66-GG (12 veces al día)

- Glóbulos rojos: GAT 996-36 GT (12 veces al día)

- Próstata: GAT 11-96-96-916 GP (24 veces al día)

- Ovarios: GAT11-11-996 GAT OV (escribir directamente en la piel a la altura de los ovarios, sobre todo antes y durante el ciclo menstrual; eliminar cuando pase el malestar y repetir verbalmente durante tres meses ocho veces al día)

- Temperatura: GAT1616-GG (11 veces al día)176

- Congestiones: GAT11-36-GP (22 veces al día)

- Vómito: GAT19-16 GP (19 veces al día)

- Diarrea: GAT11-16-GE (16 veces al día y 66 veces si no se controla en dos días)

- Hipertensión: GAT16-96-GS (18 veces al día)

- Hipertiroidismo: GAT11-996-17-33 GP (22 veces al día)

- Presión baja: GAT 996-36- GG (18 veces al día)

- Presión alta: GAT 1276/77/66GGT (18 veces al día)

- Leucemia: GAT 0012-88-33GT-LM (18 veces al día)

- Sida: GAT 000-03-300-00STTP00GT (48 veces al día)

- Peritonitis: GAT 00-6-0016 SSP GGT (18 veces al día por siete días antes de efectuar el tratamiento)

- Rinitis: GAT 008-009-18 GGMP (48 veces al día)

- Anorexia: GAT 006-33-33-0133GG-CORTT (18 veces, tres veces al día, para facilitar el trabajo, se puede grabar en audio, el número total de repeticiones y escuchar lo durante el día.

- Bulimia: GAT00996 CORT. Repetir 18 veces después de ingerir alimentos

- Bronquitis: GAT 00886 BBTP (18 veces tras la crisis o antes de que esta se presente)

- Traqueo bronquitis: GAT007796-066 TTGP (18 veces al día cuando se alteran las emociones y ocho veces al día en periodos de frío cuando puede presentarse la enfermedad)

- Neumonía: GAT 0099-333 GGT (ocho veces al día antes de dormir durante la época de invierno)

- Pulmonía: GAT0012-12GP (18 veces al día durante la época de frío)

- Tumores: GAT006616GTT (ocho veces cada cinco horas todos los días)

- Cáncer GAT0012-120012-16GAT CAP (18 veces cada cinco horas todos los días)

- Diabetes: GAT 00918-1896 GAT GAT (16 veces cada siete horas por tres meses, luego dos veces por semana)

- Alergias: GAT 0178-77-18-88 GAT TAP (18 veces al día por cinco semanas)

- Dermatitis: GAT0016-16-36GAT GAP (ocho veces cada tercer día hasta que la piel vuelva a la normalidad)

- Rosácea: GAT18-77-16-16-96 GAT RO (nueve veces todos los días hasta que la piel vuelva a la normalidad)

- Fiebre: GAT008-18-993-93 GATFIB (escribir el código sobre el estómago, nuca y frente del enfermo ocho veces con lápiz de ojos. Retirar con alcohol cuando la fiebre haya cedido. Mantener hidratado y sin tapar en exceso al enfermo)

- Embarazos de alto riesgo: GAT90-12-33-121212-22-16 GATEMB (escribirlo ocho veces con el dedo sobre el vientre cada día durante los nueve meses y para el momento del alumbramiento usar este otro: 2-2-18-77-16-GAT GAT. Repetir constantemente durante el camino al hospital en los casos en que sea posible hacerlo)

- Alzheimer: GAT 012-2-121212-1616-1116 GAT ALZ (poner este código en una grabación que el paciente deberá escuchar, de preferencia deberá grabarse con la frecuencia del ronroneo de su propio felino; dejarla reproduciéndose todas las noches cuando el humano enfermo se disponga a dormir)

- Trastornos menstruales: GAT12-002-0017-16 GAT REP (escribir el código con lápiz de ojos directamente sobre la piel en la misma zona donde se centra el dolor. Y beber mucha agua hasta que el malestar ceda)

- Sistema inmunológico: GAT181899-18-776 GAT INNO (repetir nueve veces los primeros siete días, después ocho veces cada dos días hasta que el organismo logre estabilizar su sistema inmunológico y la infección haya cedido)

- Apendicitis: GAT 00-99-55-16 GATAP (escribirlo 11 veces sobre la zona del apéndice y acudir al médico de inmediato)

- Artritis: GAT 12-33-996-1212-16 GAT ART (escribirlo una vez sobre cada dedo de la mano que presente el problema; de ser ambas, se deberá escribir en las dos el código y repetirlo 18 veces por día con toda la fe posible. Igualmente, sugiero consumir dotación en alimentos y hierro simultáneamente y perdonar a las personas que previamente les causaron daño emocional)

- Fracturas: GAT12-99-66-55-14 GAT FRAC (escribirlo 18 veces sobre el yeso, o en su defecto, repetir 18 veces diarias mientras se visualiza este código en energía verde de sanación y se enfoca en pensar que pronto su fractura quedará soldada de forma perfecta)

- Luxaciones: GAT99-18-3-43-33GATLUX (18 veces todos los días hasta que desaparezca el problema; la intención debe ser envolver la parte afectada en luz morada, rosa, blanca, dorada y verde simultáneamente)

- Atrofia muscular: GAT002-1818-96 GATARTF (18 veces cada día visualizando cómo este código entra en el torrente sanguíneo y comienza a alterar el organismo entero hasta eliminar todas las causas emocionales del problema y al mismo tiempo visualizar cómo el código restaura los niveles asociados a la perfecta salud)

- Presencia de metales pesados en el organismo: GAT 00-016-33-55-96 GATMET (tres veces al día durante 18 días, de preferencia 20 minutos antes de las comidas).

Estos códigos son un soporte energético para que el organismo optimice su proceso de regeneración molecular, celular, emocional, genético, mental e inmunológico. Pero siempre deberá ir aunado al tipo de tratamiento al que cada humano haya determinado someterse.

Por ello es vital trabajar con los códigos con absoluta fe, constancia, respeto y amor, evitando caer en estados de melancolía, agotamiento emocional o exasperación. Y perseverar en su tratamiento.

Cada código trabaja respetando los patrones vibratorios del propio humano, en conjunto con los principios de sanación felina determinados por el consejo de gatos en comunicación con los médicos de la luz. Al final se trabajará lo que se deba trabajar en función de los siguientes puntos:

- Nivel vibratorio

- Proceso evolutivo

- Resonancia con la energía felina

- Relación con los felinos

- Saldo karmático del humano

- Lección que debe aprender de su enfermedad179

- Emociones no resueltas relacionadas con la propia enfermedad

Una vez que aprendan a trabajar de manera óptima con los códigos felinos, lograrán resultados de forma más asertiva e inmediata. Sin embargo, para que el beneficio sea a largo plazo, se requiere disciplina, humildad y un sincero amor a los felinos. De lo contrario, estos no ofrecerán resultados pues sólo la resonancia del amor consigue maximizar los códigos hasta el punto de hacerlos actuar de forma óptima ante el tratamiento de cada padecimiento aquí descrito.

♥ *Códigos numéricos para atenuar*
los efectos karmáticos por dañar a un animal

11-996 -121276

Minimiza karma por proferir maldiciones a un animal. Repetir todas las semanas por al menos ocho años seguidos.

199-7766

Minimiza karma en caso de menores de edad que efectuaron maltrato animal, pero sólo surte efecto cuando hay genuino arrepentimiento y cuando han hecho suficiente dharma hacia otros animales. Repetir todos los días durante ocho años seguidos; de lo contrario, no funciona.

1266-7796

Minimiza el dolor de un felino que ha sufrido maltrato físico, emocional o sexual. Aplicar diariamente a este con el dedo índice sobre su cabeza ocho o 18 veces por día. En este caso sólo sana al felino, no reduce el karma sobre la persona.

16-16-76

Ayuda a sanar el dolor de un alma felina que murió por maltrato.

181996

Ayuda a sanar memorias celulares por haber sido víctima del ataque severo de un felino en otro tiempo o en otra existencia anterior. Repetir todos los días 18 veces hasta que se sane el trauma.

16-1212

Resulta útil cuando no haya sido posible brindarle un hogar a un felino, pese a haber tenido la intención de ayudarlo. Repetir ocho veces cada noche trayendo a la mente el rostro del felino y pidiendo protección energética para él y para todo felino en todo espacio de tiempo.

19-99-6

Sana el recuerdo cuando se fue testigo del atropellamiento fatal de un felino. Se solicita al consejo de gatos que sane el alma de dicho felino. Repetir ocho veces diarias hasta que el trauma haya sido sanado; en algunos casos se puede lograr en pocas semanas y en otros incluso puede requerir varios meses.

19-00-96

Reduce carga karmática sólo cuando se enmendó la situación ayudando a otros tantos felinos. La suma de estos últimos deberá ser mayor que la de los felinos agredidos; es decir, si un ser humano lastimó a 10 gatos, tendrá que ayudar a 100 gatos para poder obtener, con la ayuda de este código, una reducción de saldo karmático de 1% a 5% en función de los saldos dharmáticos que el mismo humano haya efectuado hacia otros felinos. Repetir 45 veces tres veces al día por 10 años por cada evento en el cual se haya perjudicado a un animal.

1766

Reduce saldo karmático 2% cuando se haya efectuado algún mal hacia un felino en una existencia anterior, pero aplica exclusivamente cuando en la existencia presente esta alma se encuentra del lado de la protección total a la vida animal en general. Repetir 45 veces tres veces al día por 10 meses.

1966-16

Sana el dolor por la muerte de tu felino. Repetir 18 veces antes de dormir hasta que el dolor sane; el proceso puede requerir trabajar a lo largo de varios meses.

19-86-12-76

Sirve para reencontrarse en otro tiempo o espacio con el alma de un felino muy amado que ya no mora en plano terrenal. Repetir ocho veces por día hasta que el felino vuelva a reencarnar a tu lado. Esto puede suponer esperar entre seis meses y 10 años, pero por regla general hablamos de seis meses a dos años. Puede ampliarse el tiempo de espera si las circunstancias no fueran las idóneas para la reencarnación del felino; en tal caso, esperará a que su humano se encuentre en condiciones mejores para llegar nuevamente a su reencuentro.

70 76-16

Facilita la integración de un felino a su nuevo hogar. Surte efecto cuando se trata del verdadero hogar seleccionado por el alma del propio felino antes de su nacimiento. Repetir 17 veces por día durante tres meses.

18-996

Libera a futuras generaciones de cargas karmáticas efectuadas por sus antepasados cuando estos dañaron a un alma felina. Únicamente surte efecto cuando tres miembros de esa familia han efectuado, en el mismo espacio de tiempo, suficientes acciones dharmáticas a favor del bienestar felino. Repetir 27 veces por día durante mínimo tres generaciones por cada animal al que se haya dañado en cada generación anterior; es decir, si un antepasado mató a 10 animales, se requiere realizar el ejercicio 27 veces al día por 30 generaciones.

◉ Ejercicio 1

Presta atención a tu gato. Intenta averiguar lo que cada gesto que hace esconde para entender su lenguaje corporal.

Si tu gato se aleja cuando tú estás presente, tal vez esté enfadado, enfermo o bien, en caso de que tenga poco tiempo en tu hogar, es posible que aún no se sienta confortable en su nuevo entorno.

Para saber hasta qué grado se siente cómodo tu gato en tu compañía, te recomiendo un ejercicio. Sin embargo, si consideras que tu gato es feral, asegúrate de hacerlo paulatinamente y por poco tiempo. Toma en cuenta que es contrario a la zona de confort natural de los gatos y algunos pueden sentirse amenazados al llevarlo a cabo y reaccionar con una actitud de amenaza. Ten mucho cuidado.

Paso 1. Para que el ejercicio tenga éxito, comienza días antes por hablarle con voz suave y firme mientras le acaricias el pelo en torno a la cabeza suavemente y mantienes tu mirada fija en su mirada. Tras haber efectuado lo anterior por al menos 15 días y siempre que el animal no se sienta agredido, podrás proseguir.

Paso 2. Muy lentamente acerca tu rostro al rostro del gatito, hasta donde él te lo permita, entendiendo que ambos se encontrarán en un espacio de vulnerabilidad. El gato podría atacarte y tú responder atacando. Si tu gato confía en ti nada malo ocurrirá. Por eso, realízalo sólo si consideras tener una excelente relación con él, jamás lo intentes con uno al que no conozcas. Ahora, míralo fijamente a los ojos por un minuto y luego parpadea muy lentamente. Con este simple gesto el gato entenderá que no representas una amenaza. Si el alma de tu gato está compenetrada con la tuya, de modo natural él parpadeará en respuesta y con ese gesto te estará diciendo: "Tú también puedes confiar en mí, no te voy a lastimar".

● Ejercicio 2

Te invito a observar la postura en la que duerme tu gato para descubrir qué mensaje esconde.

1. Si duerme acurrucado en un sitio alto: Tiene temor a verse vulnerable; es posible que tu gato haya afrontado en el pasado algún episodio de violencia y por eso busca un sitio remoto para dormir.

2. Si dobla las patas delanteras y las esconde debajo de su propio cuerpo: Esta postura nos habla de que tu gato se siente confiado y relajado en ese lugar.

3. Si duerme con la panza hacia arriba y el cuerpo distendido: Esta postura supone un exceso de confianza en su humano y en su hogar, ya que implica total vulnerabilidad para sus órganos internos y dificultad para defenderse. Es muy raro que un gato adopte esta posición para dormir; si el tuyo lo hace, felicidades, habrás culminado un excelente trabajo de crianza y protección hacia tu felino.

4. Si duerme hecho un ovillo o una bolita: Con esta posición indica que el ruido o la luz le molesta para dormir, pero, pese a este inconveniente, se siente cómodo en dicho lugar y sólo busca la forma de minimizar la molestia para poder descansar.

5. Si se acuesta sobre un costado: Tu gato se siente tranquilo y no parece tener nada que lo inquiete a la hora de dormir. Considera que es seguro el lugar donde va a dormir.

6. Si duerme con la cabeza girada como si el cuello se le torciera: Esta posición es señal de que el gato está feliz en su hogar.

7. Si duerme sobre muebles u objetos contundentes, computadoras, teléfonos, mochilas o instrumentos musicales: Esto supone que tu gato se siente aburrido y que está reclamando mayor atención de tu parte.

● Ejercicio 3

Baño para determinar si el felino evita el contacto humano por hechizos o conjuros.

INGREDIENTES

- Pétalos de 12 flores blancas, claveles de preferencia
- 1 rama de canela
- 2 cucharadas soperas de canela en polvo
- 3 cucharadas de miel
- 3 cucharadas de extracto de vainilla
- 3 tazas de vinagre
- paquete de sal marina o sal del Himalaya
- 1 ramo de perejil
- 8 litros de agua
- Agua natural de un coco

INSTRUCCIONES

Pon todos los ingredientes a hervir. Báñalo con jabón de coco y utiliza el agua preparada para el último enjuague. Deja entibiar el agua antes de verterla sobre su cuerpo para evitar quemaduras. Hazlo durante 15 días seguidos; si tras estos baños el felino vuelve a aproximarse a ustedes, se trataba de un problema energético ya resuelto.

● Ejercicio 4

Baño para sanar emociones tras la muerte de tu felino.

INGREDIENTES

- 1 ramo de perejil
- Pétalos de 5 claveles blancos

- 18 gotas de esencia de coco
- 1 raja de canela
- 1 ramo de mejorana
- 1 paquete de sal en grano
- 1 ramo de ruda
- 3 cucharadas de miel
- 3 cucharadas de canela en polvo
- 1 taza de vinagre blanco

INSTRUCCIONES

Pon todos los ingredientes a fuego lento con 8 litros de agua y deja hervir. Retira del fuego y deja entibiar. Lleva esta agua a la regadera y mantenla separada. Báñate con jabón de coco o de rosas, pensando en que los médicos de la luz y el consejo de gatos retiran el dolor y cierran las heridas emocionales causadas por la pérdida de nuestro manto físico. Exprésalo con tus propias palabras, con amor, sinceridad y respeto.

Al terminar de enjabonarte toma el agua del baño y viértela sobre todos los chakras, tu columna vertebral, tu cabeza, las plantas de tus pies, las palmas de tus manos. Mientras lo haces, repite lo siguiente:

Yo solicito a la luz en todas sus formas, incluyendo médicos de la luz y al consejo de gatos, que acudan a cerrar mis heridas emocionales por la pérdida de (repite nuestro nombre 18 veces). Para que mi dolor sea sanado de forma definitiva y pronta en toda representación de mi sistema de los siete cuerpos y que de esta relación sólo perdure el amor, la mutua sanación en perfecta armonía del alma de (pronuncia nuestro nombre) con el alma de (pronuncia nuestro nombre). Que así sea en perfecta acción, así es y así será. GRACIAS, GRACIAS, GRACIAS. SELLADO QUEDA. SELLADO ESTÁ.

Báñate así durante 18 días seguidos.

◉ Decreto para solicitar sanación
   al yo superior de tu gato

Yo soy la voz de mi alma que solicita al yo superior de (nombre del felino) acudir a mi ser, purificando y sanando todo mi campo de resonancia, cada uno de mis cuerpos, toda mi aura, cada pensamiento, toda vibración ante toda situación, ante cada pensamiento y de todo ser. Que así sea ya. Las gracias te doy por esta inmediata sanación. Gracias, gracias, gracias.

◉ Decreto para solicitar sanación
   emocional al consejo de gatos

Bajo el manto que yo soy (repite tu propio nombre), solicito en inmediata acción a ustedes, seres de la luz, energía felina y cósmica, que acudan en mi amparo, para ser sanado bajo cada dolor, presente o inactivo, pero aún atrapado en cualquier filamento álmico de mi ser. Yo les pido este espacio de sanación ante todo dolor, ante cualquier circunstancia que a mi alma pudo afectar. Las gracias les doy prometiendo amar, respetar y amparar a cualquier felino que de mi ayuda pueda requerir. Concedido está, sellado queda. Gracias.

◉ Cómo comprar un cepillo para tu gato

Para elegir el mejor cepillo para tu gato, practica lo siguiente.

Los felinos son animales muy limpios que tratan de estar presentables en todo momento. Si tu gato descuida su pelaje, eso implica que está enfermo o muy deprimido.

Si tiene el pelo corto, compra un cepillo de cerdas cortas o bien uno de pelo mixto. En este caso recomiendo uno de cerdas suaves.

Si tiene el pelo largo o mixto, es aconsejable que tenga dos cepillos, uno de pelo mixto y otro de cerdas metálicas para pelo largo. Empieza siempre por cepillarlo con el de cerdas suaves y, ya para concluir, pasa el cepillo de cerdas metálicas siguiendo el sentido contrario al nacimiento del pelo y efectuando movimientos de forma suave pero rítmica. El cepillado continuo evitará que se le formen bolas de pelo en el estómago.

◉ Proporcionando seguridad a tu gato ante cambios en su entorno

Las siguientes son medidas aconsejables para ofrecer escondites improvisados a un gato asustado al llegar a un nuevo hogar.

Cuando adoptas un gato, debes aceptar el estrés que cualquier situación nueva produce en el animal. Sea una mudanza, la llegada a vivir al hogar de un nuevo miembro de la familia o un periodo de adaptación a un nuevo hogar, muchas veces el gato necesitará un escondite en un lugar que él considere inaccesible para cualquier intruso.

El simple hecho de contar con un refugio seguro puede significar la diferencia entre una actitud agresiva o no agresiva de su parte. Un escondite puede ser un clóset, un sitio debajo de un coche o el interior de una maleta. Pero cuando hablamos de un felino que llega al hogar y puede mostrar periodos de agresividad, no te sentirás cómodo si se esconde donde guardas los zapatos o tu ropa, ya que podría impedirte el acceso a esos objetos.

Para evitar esta situación, coloca estratégicamente cajas de cartón en lugares con poca luz y que no interfieran con las zonas de tránsito de tu hogar. En su interior pon una cobija y algún juguete y deja las cajas abiertas por alguna de sus caras para que el animal pueda entrar y salir a discreción. Él mismo abandonará dicho escondite cuando, con el paso de los días, se sienta seguro o cuando considere que la situación de peligro ha concluido.

Durante su periodo de adaptación es importante que no invadas el interior de las cajas pues podrías provocar que se irrite o desarrolle problemas de conducta posteriores.

En la práctica

◉ Guía para humanos primerizos con gatos bebés o adultos jóvenes al llegar estos a casa

Te cuento una característica nuestra. Cuando nacemos, los gatitos solemos tener los ojos azules, pero hay que esperar a que cumplamos entre siete y 12 semanas de vida para que aparezca su color permanente.

♥ *Qué hacer con un gato bebé o joven*

- Visitar al veterinario para determinar su salud.

- Mantener a tu gatito cómodo en un ambiente controlado y con una temperatura cálida y constante.

- Controlar que se alimente correctamente. Los bebés comen cada dos horas. De sufrir debilidad, es preciso darles una pequeña dosis de glucosa: agregar un cuarto de cucharadita de azúcar (medida de bebé) a la fórmula. De no ser suficiente, subministrar ocho gotas de Pediasure natural o sabor vainilla con la fórmula; en este caso lo idóneo es que el gatito consuma leche materna complementada con fórmula. Nunca hay que suministrar productos que tengan chocolate, ajo ni ningún alimento o sustancia mencionados más adelante.

- Darle espacio y tiempo para que se habitúe a su nuevo hogar.

- Hablarle con voz suave y cariñosa, permitir que te huela y sólo cuando se sienta cómodo, intentar acariciarlo suavemente.

- No bañarlo con agua durante sus primeros meses de vida. Intentar primero bañarlo con espuma especial para animales. Ya pasados cinco meses, podrás intentar bañarlo con una esponja con agua tibia y champú para animales.

- Después de que coma, estimular con un algodón nuevo, limpio y húmedo sus genitales, como haría la madre para ayudarlo a incentivar su organismo y hacer sus necesidades. De lo contrario, el gatito no desechará el excremento ni la orina y se produciría una infección en órganos internos que lo mataría.

- Desde cachorros requieren una excelente higiene; si presentan un aspecto pegajoso por sudor o por haber efectuado sus necesidades fisiológicas, hay que limpiarlos de inmediato. Un cachorro con este aspecto puede entrar en hipotermia rápidamente y morir por haber perdido la temperatura corporal.

◉ Cuidados para gatitos recién nacidos que han perdido a su madre

❤ Frecuencia alimenticia para gatos bebés

- Primeros tres días de vida: 2.5 mililitros de sustituto de leche para gato cada dos horas.

- Cuarto al séptimo día: 5 mililitros de 10 a 12 veces al día.

- Sexto al décimo día: 7.5 mililitros 10 veces al día.

- Día 11 a 14: 12.5 mililitros cada tres horas.

- Día 15 a 21: 10 mililitros ocho veces al día.

- Después del día 21: de 7.5 mililitros a 25 mililitros, según su apetito, cuatro veces al día y comenzar a dar alimento húmedo.

❤ Cuidados generales

- Debes estar presente mientras el gatito beba la leche para verificar que todo esté en orden y cuidar que no le salga leche por las fosas nasales, ya que esto indica que el alimento puede no estar llegando al estómago sino a los pulmones. Verifica que no se hinche tocando su estómago después de ingerir alimento.

- Si se niega a comer, no lo fuerces; puedes causar que entre líquido a sus pulmones. Espera que pase una hora y vuelve a intentar alimentarlo.

- Procura estar muy tranquilo cuando lo alimentes. Los gatos se estresan con facilidad y si tú estás estresado, puedes transmitirle lo que sientes. Acarícialo suavemente para provocar en él una sensación de bienestar y relajación.

- Intenta conseguirle una nodriza felina que no tenga sida felino, leucemia felina ni peritonitis felina. Si crees que puede padecer una de estas tres enfermedades, es mejor que lo alimente una mano humana, pues estas enfermedades son muy contagiosas.

- Aliméntalo, usando un gotero, con sustituto de leche especial para gatos. Recomiendo la fórmula ya preparada, rebajada con un poco de agua hervida, y precalentarla ligeramente antes de ofrecérsela, nunca demasiado caliente. Puedes agregar le un poco de glucosa desde el primer día mientras exista debilidad en el animal o de Pediasure a partir del día 20 en caso de existir debilidad.

Nota:
En caso de ser alimentado por manos humanas cuida de tener limpias las manos, busca colocarte guantes gruesos ya que de lo contrario terminaras con las manos arañadas cada vez que coman, también controla que tanto el recipiente como el gotero estén limpios y es necesario subministrar la leche muy lentamente para evitar que le pueda entrar a los pulmones.

- Darle alimento húmedo y triturado a partir de los 30 días. Recuerda que cuando bebés su estomago aún no está preparado para ingerir croquetas. Antes de los 30 días sólo pueden ingerir leche de gato, su sistema no procesa la leche de vaca. Nunca lo alimentes con leche de vaca. Si su madre biológica no puede alimentarlo y no existe la posibilidad de una nodriza, dale la fórmula ya recomendada para gatitos o, en su defecto, fórmula en polvo para niños pequeños enriquecida con un poco de glucosa.

- Ante la posibilidad de intolerancia a la lactosa, dale yogurt simple sin azúcar, colorantes ni saborizantes. Vigila si tras consumirlo se producen vómito o diarrea, es síntoma inequívoco de absoluta intolerancia a la lactosa, en cuyo caso el problema se resolverá dejando de darle productos lácteos.

- Vigila a tu gatito constantemente y, en caso de presentarse alguna anormalidad, acude urgentemente a un veterinario que sea muy hábil para detectar problemas.

- Toma en cuenta que los felinos son animales delicados. Pueden morir de un susto y tanto los bebés como los adultos jóvenes están expuestos a perecer por innumerables situaciones absurdas, como la ingesta accidental de ajo o la absorción de contaminantes a través de los cojinetes de sus patas cuando el suelo húmedo que pisan se limpió con productos químicos muy fuertes, entre otras. Es muy importante conocer sus necesidades y su espíritu curioso para poder protegerlos de los múltiples peligros que enfrentan.

- Evita someterlo a cambios bruscos de temperatura y monitorea que tenga signos estables sobre todo durante las primeras semanas de vida.

- Cuidar a un gatito bebé no es fácil, puede resultar agotador tanto para la madre felina como para un humano. Hay que arroparlo, alimentarlo estando calientito, mantenerlo cómodo y hacerlo sentir seguro en su nido. Es recomendable no moverlo de este durante las primeras semanas.

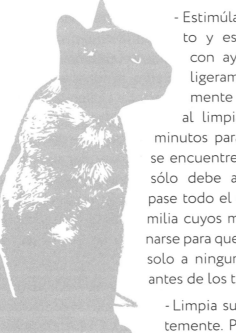

- Estimúlalo por medio del tacto y estimula sus genitales con ayuda de una esponja ligeramente húmeda exactamente como haría su madre al limpiarlo. Míralo cada 20 minutos para controlar que todo se encuentre en orden. Esta tarea sólo debe asumirla alguien que pase todo el día en casa o una familia cuyos miembros puedan turnarse para que el gatito no se quede solo a ninguna hora, en particular antes de los tres meses de edad.

- Limpia su madriguera frecuentemente. Puedes hacer una con una caja de cartón grueso tapizada de virutas de papel periódico y colocar encima una frazada que cubra tanto las paredes como la base. Mantener al gatito ahí con su madre, de preferencia, puede ser la clave para evitar enfermedades y bacterias que pudieran enfermarlo o matarlo.

- A tan corta edad el gatito sólo debe ser criado por un humano en caso de que pierda a su madre y no exista la posibilidad de una nodriza felina. Además, de hacerlo, debe estar realmente comprometido a sacarlo adelante en esta etapa donde todo felino es tan vulnerable. Hay que acudir a un veterinario cada tres días desde que nace hasta que cumpla dos meses y cada semana a partir de entonces.

- Antes de alimentarlo, cuida que la temperatura sea la correcta, es decir, que no esté muy frío, pues su proceso digestivo está muy ligado a su temperatura corporal. Para su correcto funcionamiento, lo ideal es que ronde los 35 y 37 grados Celsius antes de alimentarlo. En caso de que baje su temperatura corporal y se ponga a temblar, hay que actuar muy rápido; necesita leche caliente para gato, no de vaca, con un poco de azúcar y si la rechaza será vital encontrar una madre substituta felina. Si se trata de un caso en el cual la madre le rechazo, debe ser obligada a darle leche materna. Todos los días y complementar con tomas adicionales de substituto de leche su alimentación.

- Procura que su temperatura se mantenga estable; de no ser así, coloca debajo de su cesta o nido un cojín térmico que le ayude a regular su temperatura. En su defecto, puedes utilizar una bolsa de agua con tapa llena de agua tibia, cuidando que esté bien sellada para evitar fugas. Luego coloca una toalla limpia y a continuación el cobertor, antes de poner al gatito encima. Cambia con frecuencia el agua para conservar caliente su lugar de anidación.

- Nunca le des de beber con una jeringa llena, pues el alimento podría desviarse a sus pulmones y causarle muchos problemas. O incluso la muerte Dale el alimento desde un gotero o, en el mejor de los casos, con una tetilla artificial.

- Los gatitos son animales de costumbres estables. Establece un horario de alimentación que te sea fácil mantener constantemente; de lo contario, puede estresarse y enfermar o incluso morir por estrés.

◉ Fórmulas caseras de sustituto de leche para Gatos recién nacidos

♥ Fórmula número 1
- 3 onzas de leche condensada
- 3 onzas de agua sola de manantial
- 4 onzas de yogurt blanco sin azúcar deslactosado

Mezcla todos los ingredientes en agua caliente (50% ingredientes y 50% agua) y adminístrala a los gatitos se encuentre tibia.

♥ Fórmula número 2
- 4 onzas de leche deslactosada
- 1 cucharadita de crema deslactosada
- 1 cucharadita de granos de maíz cocidos y pulverizados

Mezcla bien todos los ingredientes y administra la fórmula cuando esté tibia.

♥ Fórmula número 3
- 1 lata de leche evaporada194
- 2 cucharadas de miel de maple Karo para bebé
- 1 cucharada de yogurt deslactosado sin azúcar ni colorantes

Esta fórmula jamás debe ser administrarse a una cría que presente diarrea.

Mezcla todos los ingredientes con agua tibia (50% ingredientes y 50% agua) y administra la fórmula cuando se encuentre tibia.

♥ Fórmula número 4
- 8 onzas de leche en polvo para recién nacido, de preferencia deslactosada

- 1 gota de vitaminas pediátricas
- 1 cucharadita de miel maple

Mezcla todos los ingredientes con agua tibia (50% ingredientes y 50% agua) y administra la fórmula cuando se encuentre tibia.

> 🐈Nota:
> Una vez estabilizada la cría, esta alimentación deberá sustituirse de inmediato por una fórmula sustituto de leche de gatos; las marcas recomendadas son Hills o Royal Canine. Sigue las indicaciones de dosificación y preparación contenidas en el envase y siempre prepárala con agua de manantial embotellada únicamente.

● Cuidados especiales
  relacionados con la alimentación

El gato requiere una alimentación diferente de la del ser humano y especial. Una vez que se determine qué alimento ingerirá, cuida de darle siempre el mismo para evitar rechazo de su parte. Evita el que tiene cereales o pescado; es más recomendable el natural sin colorantes, libre de granos y de pollo. Es mejor el alimento para gatos alérgicos o alimento fresco preparado, como carne de pollo libre de huesos (ya que estos pueden causarle la muerte), por ejemplo, pechuga, muslo o hígado de pollo. Puedes complementar su alimentación con pollo, pavo o carne, añadiendo una pizca de sal simple sin demás condimentos.

La mayoría de los gatos son alérgicos al pescado. Muchos son propensos a desarrollar alergias en algún momento. Esta posibilidad se incrementará si se les separa muy pronto de su madre o si el destete se efectúa abruptamente, dado que esto no permite el correcto desarrollo de su sistema inmunológico.

- Nunca lo alimentes con alimentos que pueden ser mortíferos para él y que analizaremos a continuación:

- Cebolla y ajo: destruyen sus glóbulos rojos

- Atún de lata y otros pescados crudos: puede desatar alergias

- Leche de vaca: no tiene enzimas para digerirla

- Chocolate: causa taquicardia, vómito y diarrea

- Café: causa deshidratación

- Té: causa deshidratación

- Huevos crudos: puede desatar una infección bacteriana

- Uvas y pasitas: causan insuficiencia renal

- Dulces: causan diabetes

- Alcohol: envenena su organismo

- Huesos: pueden causar laceraciones internas, obstrucciones intestinales que exigen cirugía de emergencia y altamente peligrosa

- Grasas en grandes cantidades: causan vómito y diarrea

- Crema: no procesan la lactosa

- Aguacate: causa problemas gastrointestinales y respiratorios, y, lo más grave, derrame de líquidos en torno al corazón

- Limón: causa vómito y diarrea

- Edulcorantes que contengan xilitol: causan baja de azúcar en la sangre, vómito, diarrea, pérdida y afectación del sistema motor

- Bicarbonato: es tóxico para los gatos
- Nuez moscada: es tóxica para los gatos
- Carnes frías y embutidos o carnes deshidratadas y saladas: provocan hipertensión, obesidad y pancreatitis
- Helado: causa espasmos cerebrales con muerte súbita de cientos de neuronas (los gatos tienen 300 millones de neuronas cerebrales, pero muchas de ellas pueden morir si se les da helado o alimentos congelados sin ser previamente calentados hasta alcanzar la temperatura ambiente).

Medicamentos que nunca debes suministrar a tu gato

El metabolismo de los gatos es muy delicado y nunca debe suministrársele un medicamento que no haya sido prescrito previamente por su veterinario. La medicación no autorizada puede ser mortal para tu gato.

Muchos medicamentos que en humanos son acertados para tratar diferentes síntomas, si se administran a un felino, incluso en dosis pequeñas, pueden enfermarlo gravemente o incluso causarle la muerte.

Las dosis de medicamentos en el cuerpo de un felino siempre suponen algún tipo de riesgo, que en su mayoría pueden controlarse y solucionarse, pero que en algunos casos son letales. Por supuesto, en dosis más altas, los riesgos de reacciones adversas se incrementan considerablemente.

> 🐈Nota de precaución:
> En los gatos es de vida o muerte respetar la marca de medicamento recetada por el veterinario; cualquier componente que varíe entre una marca de un medicamento y otra puede causar la muerte del animal.

◉ Medicamentos que no deben estar cerca de tu gato

Los siguientes son medicamentos que deben siempre mantenerse lejos de la curiosa naturaleza de un gato, para evitar que sufra graves problemas de salud.

♥ Antiinflamatorios no esteroides

- Ibuprofeno

- Acetaminofeno/Paracetamol

- Dos tabletas de Paracetamol pueden matar a tu gato.

- Pseudoefedrina

- Compuesto presente en medicamentos para combatir resfriados. Si tienes dudas, consulta la fórmula del medicamento incluida en la caja y consulta al veterinario antes de suministrarlo.

♥ Antidepresivos

- Fluvoxamina y Venlafaxina: les causan vómito y problemas cardiacos.

- Medicamentos para combatir la diabetes

- Clorhidrato de Metformina, Glibenclamida:L ls causan vómito y diarrea.

- Medicamentos para déficit de atención
- Metilfenidato, clorhidrato, anfetamina-dextroanfetamina: les causan la muerte.
- Derivados de vitamina D. Esta vitamina es tóxica para los gatos
- Calcitriol, Calcipotriol

♥ Causan la muerte
- Bloqueadores Beta (presentes en medicamentos para la presión arterial)
- Afectan e irregularizan el ritmo cardiaco y la presión arterial del gato.
- Benzodiacepinas y somníferos
- Benzodiazepínico, Eszopiclona: causan agitación.
- Naproxeno sódico
- Puede ser tóxico en gatos (puede administrarse en dosis muy pequeñas pero sólo con prescripción veterinaria y nunca sobrepasar la dosis recomendada).
- Naproxeno no esteroideo
- Causan sangrado, úlceras gástricas, problemas renales.
- Metamizol
- Causa toxicidad en médula ósea, convulsiones, incluso enfermedades cardiacas.
- Ácido acetilsalicílico y ácido acetoxobenzoico
- Causa abortos en gatas embarazadas, provoca problemas en médula ósea, destruye los glóbulos rojos y genera afectaciones en el hígado.
- Cloranfenicol

- Causa anemia, vómito, falta de apetito, diarrea.

- Ketolorolaco

- Trometamina: causa lesiones en el hígado y necrosis hepática, destrucción de los glóbulos rojos, anorexia, salivación excesiva, vómito, hipotermia, debilidad, depresión, dificultades respiratorias, sangrado en orina, edema en la cara, coma y muerte entre 18 y 36 horas después de ingerirlo.

- Diclofenaco sódico

- Causa úlceras gástricas, estados de shock, vómito, hemorragias, diarrea, dolor abdominal, problemas renales, perforaciones gástricas o intestinales, insuficiencia hepática, reacciones asmáticas, rinitis aguda.

◉ No lo olvides

Los animales, en especial los gatos, no pueden ingerir medicamentos humanos sin previa prescripción veterinaria, ya que en su gran mayoría son tóxicos para ellos, sobre todo los analgésicos y los desinflamatorios. De preferencia, recurre a medicamentos de uso veterinario exclusivamente.

♥ *Señales que requieren atención veterinaria urgente*

- Rechazo de alimentación por sí mismo.199

- Fiebre y fiebre constante. Hay fiebre cuando la temperatura pasa de un rango promedio de 37 a 38 grados para un gatito bebé y de 38 a 39 grados para un gato adulto. A partir de los 40 grados, se considera que tiene fiebre. También, temperatura inconstante, es decir que sube y baja.

- Vómito constante. Si esto ocurre, no te alarmes, puede estar empachado. Los gatitos son muy glotones y a veces comen de más. Pero si el vómito es frecuente y repetitivo, tanto en numero de incidentes como en número de días seguidos, es indicador de un problema de salud.

- Diarreas constantes. Pueden indicar una infección estomacal o intestinal.

- Problemas psicomotores o respuesta lenta o tardía a estímulos visuales o físicos. Pueden ser síntoma de envenenamiento o de problemas neuronales. No es frecuente que esto ocurra, pero si notas algún problema de este tipo, es urgente hacer análisis que el veterinario deberá determinar.

- Pérdida acelerada de peso, el cual no recupera. Puede ser uno de los primeros signos de alerta de peritonitis felina o de leucemia felina.

- Problemas constantes de equilibrio, problemas psicomotores repentino, que pueden estar acompañados de temblor, falta de orientación, desmayos, agresividad, impulsividad y trastornos en su conducta habitual. Estos síntomas pueden estar asociados a envenenamiento, pero también a problemas cerebrales o parásitos invasores, en cuyo caso podemos estar frente a toxoplasma gondii que se sitúa en el tejido cerebral del felino.

Esta enfermedad, como muchas otras propias de los felinos, se contagia por excremento, el cual expiden los virus, las bacterias y los parásitos fuera del cuerpo del animalito infectado. Es más factible el contagio cuando varios gatos comparten el arenero o cuando habitan en grandes colonias de gatos. Basta un animalito enfermo para que el riesgo de contagio sea muy probable en los que convivan con el gato afectado. Por ello, es importante aislar a los animales enfermos y solicitar atención veterinaria inmediata.

- Incontinencia abundante y repentina acompañada de estado de letargo, de temperatura y de falta de inapetencia, así como de desorientación, falta de medición de distancias, vómito o agresividad cuando no es su naturaleza. Estos síntomas pueden relacionarse con diferentes enfermedades, pero aparecen en los su deceso.

- No defecar diariamente. Controla el arenero y si notas que no ha defecado en varios días, esto puede deberse a bolas de pelo presentes en el estómago y no expulsadas. Es conveniente colocar en sus patas y pelaje un poco de laxante para removerlas o de productos que son remedios para bolas de pelo. Y en caso de que no se identifiquen las causas es urgente detectar el problema, que puede consistir en excremento pegado en los intestinos, mediante una radiografía de órganos internos para descartar posibles problemas y encontrar el diagnóstico correcto.

❤ *Lleva un control*

Estando ya enterados de las enfermedades anteriores, hay que controlar los medicamentos que se suministran y las reacciones del gatito, pues ningún organismo es igual a otro. Es decir, hay que revisar si el medicamento le sentó bien o si le causó reacciones alérgicas.

Para esto el mejor aliado será la cartilla de vacunación, en la cual hay que anotar cada medicamento que se le administre, bien sea ingerido o por torrente sanguíneo. Asimismo, pedir al veterinario que anote tanto los diagnósticos de enfermedad como las respuestas de su cuerpo a todos los medicamentos. En caso de mostrar reacciones adversas a un medicamento, es de vital importancia suspenderlo de inmediato y llamar al veterinario.

Así, en caso de tener que cambiar de veterinario, esta información puede ser la clave para encontrar el problema y recetarle a nuestro gatito un tratamiento más adecuado para él.

Con los felinos, en ocasiones el cuadro parece ser grave cuando en realidad no lo es, pero en otras no parece ser algo grave y puede esconder un cuadro de vida o muerte. Por eso es necesario que el ser humano jamás tome a la ligera ninguna enfermedad que pueda afrontar su gato.

Dharma: consecuencia positiva o recompensa que se recibe por actuar de acuerdo con los principios morales; karma: consecuencia negativa de actuar sin apegarse a dichos principios.

❥ *Para cerrar*

El universo comprende un orden cósmico que rige a toda criatura, a cada alma y a todo plano, busca equilibrar lo que cada ser otorga contraponiéndolo a lo que recibe. En este caso Mishka nos ilustra los beneficios que otorgan el cuidado, el amor y el respeto a los animales y expone las consecuencias del maltrato animal en todas sus formas, con el propósito de sanar la relación humano-animal.

Epílogo
Palabras de Mishka

En el entorno dramático que conocí durante la primera mitad de mi existencia en mi más reciente encarnación, aprendí a conocer la maldad humana. Sí, la padecí, le temí y la sufrí. No obstante, de igual modo tuve la dicha de conocer las mejores cualidades del ser humano al haber sido acogida con mis gatitos Ámbar y Galena, y de descubrir que es posible recibir amor, protección, proximidad, lealtad y bondad de la mano de individuos de la misma especie que antes me dañó.

Si les hablo de esta forma es porque sé que muchos seres humanos han sido avasallados por la maldad personal o social que les rodea. Los he visto sufrir, ser abatidos, desechados en los ámbitos social o laboral. He percibido su dolor y he descubierto que muchas veces no logran sobreponerse a las heridas emocionales que cargan consigo producto de largos años de pena o de situaciones o eventos traumáticos muy puntuales.

Lo cierto es que al centrarse en hacer de este dolor su muralla de protección sólo resuenan a mayor profundidad en él, lo cual, a la larga, será una apuesta abierta que genera enfermedades e impide descubrir las más altas bondades que en ocasiones esconde la humanidad.

Es mi deseo que cada ser humano que ha sufrido como yo y como tantos otros felinos, al igual que otros tantos animales debido a la maldad humana, determine, con fortaleza emocional, no darle el poder al desamor, al odio, al miedo, al dolor, y no permitir que arruine sus mejores posibilidades futuras.

Al final, la existencia es una constante apuesta y una derrota nunca significa la perdición absoluta, sólo si así ustedes mismos lo deciden. Por favor, no abracen el dolor y centren su atención en construir grandes puentes de amor, de sanación y liberación que les conduzcan a la expansión y a la perfecta evolución.

Me considero un espíritu felino afortunado por tener la oportunidad de alzar la voz en nombre de tantos felinos que no logran ser amados, cuidados, respetados, ni protegidos. Espero y confío en que este esfuerzo mío pueda cambiar la conciencia humana y le dé un sentido más elevado a mi transitar terrenal, y también al de mis hermanos.

Me dirijo con respeto a todos los seres humanos, haciendo la promesa de levantar nuevos y constantes ejércitos de felinos sanadores que lucharán arduamente en este mundo por sanar el dolor, las carencias afectivas y las enfermedades, y por alejar las energías de oscuridad de su existencia.

Es esta mi promesa de luz, de amor, que será ejercida en la medida en que ustedes mismos aprendan a respetar y amar tanto el hábitat como a todas las especies con las cuales conviven en el plano terrenal.

Mishka

Sobre la autora

Nace en la ciudad de México, a los 19 años se transfiere a Barcelona, España para estudiar Diseño, posteriormente, efectúa estudios complementarios de gráfica y publicidad en Buenos Aires, Argentina en 2007, y por último, en Turín, Italia en. donde gana en 2010 un primer lugar en un concurso internacional de arte. Ese mismo año tras una perdida de un ser querido, decide comenzar a escribir como resultado de un sueño revelador con el maestro ascendido Saint Germain. A partir del año 2013 participa anualmente en la feria del libro de Guadalajara, Jalisco donde se presentará su nuevo material *Mishka el gato sanador.*

Otros libros de Akari:

2012 *Violetas de amor,* Editorial Yug

2013 *Yo puedo ser un maestro ascendido,* Editorial Pax

2014 *Usando los cristales,* Editorial Pax

2014 *Sanando el Bullying con metafísica,* Editorial Pax

2016 *Yo decreto,* Editorial Pax

2016 *Abrazando tu alma,* Editorial Pax

2017 *Decretos poderosos que sanarán tu vida,* Editorial Pax

2018 *Mishka el gato sanador,* Distribuidor Editorial Pax

Contacto con Akari:
Facebook: Akari Berganzo
Youtube: Canal Akari Berganzo
Pinterest: Akari Berganzo
Instagram: AKARIBERGANZO
Twitter: @violetayosoy1